四部要籍選刊

蔣鵬翔 主編

阮刻禮記注疏

六

（清）阮元 校刻

浙江大學出版社

本册目録（六）

附釋音禮記注疏卷第十八

禮記　　鄭氏注　　孔穎達疏

曾子問第七。陸曰曾子孔子弟子曾參也以其所問多明於禮故著姓名以顯之。【疏】正義曰按鄭目録云名爲曾子問者以其記所問多明於禮故著姓名以顯之曾子孔子弟子曾參此於別録屬喪服

曾子問曰君薨而世子生如之何孔子曰卿大夫士從攝主北面於西階南變於朝夕哭位也攝主上卿代君聽國政大祝裨冕執束帛升自西階盡等不升堂命毋哭將有事宜清靜也裨冕者接神則祭服也諸侯之卿大夫所服裨冕絺冕也玄冕也士服爵弁服大祝裨冕則大夫。○大祝音泰下文注大祝大宰大宗大廟大史皆同此音祝之六反說文云祝祭主贊詞者裨婢支反毋音無本亦作無絺知里反本又作希徐張履反祝聲三告曰某之子生敢

告聲噫歆警神也某夫人之氏也○祝之六反下同徐之又反三息暫反又如字下聲三及三者三皆放此噫於其反歆許金反警居領反升奠幣于殯東几上哭降几筵於殯東明繼體也衆主人卿大夫士房中皆哭不踊衆主人君之親也房中婦人○盡一哀反位遂朝奠反朝夕哭位○小宰升舉幣所主也舉而下埋之階間

〔疏〕曾子至舉幣○正義曰此一節論君薨而世子生告殯之事各隨文解之○君薨而世子生者按聘禮云子即位不哭公羊云君存稱世子君薨稱子某此既君薨仍稱世子者以其別於庶子又用世子之禮告殯故雖君薨猶稱世子異於春秋之例按左傳桓六年子同生賈杜注云不稱大子者書始生此亦始生而稱世子者彼爲父在始生未命故直云子此是君薨初生則舉以世子之禮故云世子也熊氏云下稱奠幣于殯東則此告世子生謂既殯以後若未殯之前則世子生亦不告凡天子諸侯稱世子春秋經稱王世子曹世子是也卿大夫以下謂之適子喪服云大夫之適子是也若在喪諸侯之子亦稱適子檀弓云君之適長殤是也天子諸侯亦謂之大子則王制云王

大子及檀弓云大子申生是也冢子則上下通名故內則云
其非冢子則皆降一等注則言天子以下至庶人是其通名
也其春秋三傳世子之例煩而不要今所不用也○孔子至
北面○此論卿大夫士等皆衣衰服也攝主上卿代國政者
卿大夫士等皆衣衰服北面文不言者以下文云大祝裨冕
明卿大夫等不裨冕也○於西階南注變於朝夕哭位也○
正義曰按喪大記云君之喪既正尸卿大夫父兄子姓立于
東方又士喪禮朝夕哭丈夫即位于門外西面北上外兄弟
在其南南上賓繼之北上若其門內位主人堂下直東序西
面兄弟皆即位如外位卿大夫在主人之南是朝夕內外哭
位皆在東方也今乃從攝主北面於西階南故云變於朝夕
哭位也必於西階南者以將告殯近殯位故也若君喪大斂
喪大記云卿大夫即位于堂廉楹西北面者彼斂故升堂非
朝夕哭位此爲告世子生故在堂下○大祝至毋哭○大祝
以大夫爲之祝主接神故服裨冕裨冕祭服也以其將告神
故執束帛執持也束帛十端也端則二丈鬼神質故用偶數
也鬼神以丈八尺爲端鬼神之道陰陽不測故用陰陽之數
求之一丈象陽八尺法陰十端六玄四纁五兩三玄二纁纁
是地色玄是天色也欲往告殯故升自西階若於堂下告則
大遠堂上告則大近殯故升階盡等級即不升堂將有告事

宜靜故命毋哭○注禈冕至大夫○正義曰卿大夫所服禈
冕絺冕也按覲禮侯氏禈冕鄭注云禈冕者衣禈衣而冠冕
也禈之爲言埤也天子六服大裘爲上其餘爲禈以事尊卑
服之而諸侯亦服焉又注云衮衣者禈之上也則禈唯據衣
也言服禈衣而著冕故云禈冕言禈者取其繢繡云諸侯之
卿大夫所服禈冕絺冕也玄冕也者此言五等諸侯孤卿大
夫唯絺冕而下以上諸侯龘兼五等故揔解其臣服此卿兼
公孤卿也若孤卿則絺冕若三命再命卿大夫服玄冕故周
禮司服云孤自絺冕而下卿大夫自玄冕而下又大宗伯云
再命受服鄭注云受玄冕之服列國之大夫於子男爲卿卿
大夫自玄冕而下如孤之服也是孤則絺冕卿與大夫皆玄
冕周禮謂三孤六卿爲九卿揔云謂卿四命是卿名通於孤
也云士服爵弁服者以天子大祝是大夫諸侯則無文若是
士則爵弁今經云大祝禈冕故云則大夫○祝聲至敢告○
聲謂噫歆之聲三所出警神也言若夫人某氏之子生以告
殯之辭也○注聲噫歆警神也○正義曰直云祝聲不知作
何聲按論語云顏淵死子曰噫天喪予檀弓云公肩假曰噫
是古人發聲多云噫故知此聲亦謂噫也凡祭祀神之所享
謂之歆今作聲欲令神歆享故云歆警神也○升奠幣于殯
東几上哭降者謂告殯竟執束帛者升堂奠置所執之幣于

殯東几筵上畢遂哭哭竟而降階也○注几筵至體也○正義曰按阮諶禮圖云几長五尺高尺二寸廣二尺皇氏云周禮天子下室喪奠有素几不云殯宮有几而諸侯雖無文當與天子同而大夫士葬前下室並無几降於人君也並葬後殯宮皆有几人君未葬前而於下室有素几其殯宮無几今世子生既告禰後下室之几於殯東告於繼體異常曰庾氏云未虞施几筵常於下室然殯宮几筵爲朝夕之奠常在不去今更特設几筵於殯宮東者特異其事以爲世子之生故鄭云几筵於殯東明繼體也今按既夕禮燕養饋羞如他日則下室所供之物如平常皆用吉物即今之告靈不得有素几又司几筵云凡喪事右素几注云喪事謂凡奠也又云凶事仍几注云凶事謂凡奠几朝夕相因喪禮畧以此推之即素几是殯宮朝夕設奠之几不在下室而庾皇等以爲素几設於下室未審何以知之其義非也熊氏以爲天子諸侯在殯宮則有几筵大夫士大斂有席虞始有几然殯宮几筵爲朝夕之奠常在不去今更特設几於殯東當明世子是繼體之貴故於常几筵之外別特設之考三家之說熊以爲是皇庾以爲非○注衆主至婦人○正義曰知者按喪大記云君將大斂父兄堂下北面父兄即君之親又云外宗房中南面故云房中婦人○注反朝夕哭位○正義曰按士喪禮每日

之旦於朝夕哭位先哭而後行朝奠朝奠了又哭今因西階前哭畢反此朝夕哭位於位不更哭即行朝奠禮謂一時兼哭兩事故云遂朝奠按士喪禮尋常朝奠皆先哭後奠皇氏云尋常先奠後哭此謂告世子生故先哭後奠其義非也○注所主至階間○正義曰所以小宰舉幣幣是小宰所主故云所主也故周禮小宰職云凡祭祀贊王幣爵之事喪竟受其含襚幣玉之事是也必知埋之階間者下文云師行主命反必告設奠卒斂幣玉藏諸兩階之間故知此幣亦埋之階間也

三日衆主人卿大夫士如初位北面三日負子日也初告生時大宰大宗大祝皆裨冕少師奉子以衰祝先子從宰宗人從入門哭者止宰宗人詔贊君事者○少升召反下少喪并注同奉方勇反下注奉者同衰七雷反下同從才用反下同子升自西階殯前北面祝立于殯東南隅祝聲三曰某之子某從執事敢見子拜稽顙哭奉子者拜哭○見賢遍反下而見伯父廟見旅

見同祝宰宗人衆主人卿大夫士哭踊三者三降東反位皆袒子踊房中亦踊三者三襲衰杖踊襲衰杖成子禮也亦出亦謂朝奠大宰命祝史以名徧告于五祀山川因負子名之喪於禮畧也○徧音遍下同疏三日至山川○正義曰云此一節論世子生巳三日名之以名見於殯之禮各依文解之○三日之朝自衆主人以下悉列西階下列位如初日子生之義也以子自爲主故不云從攝主也○注三日至生時○正義曰按內則云國君世子生告于君三日卜士負之此亦生則告君三日負之但告時直負之而巳子未見君至三月爲名之時則始見之也今旣在喪禮畧於負子之時則見也此不用束帛者初告生巳用今旣禮殺故不用也云初告生時者以經云如初恐初是朝夕哭位故以初爲告生時也必知告生時者以告生時北面於西階南此亦云北面故知是告生時也○大宰大宗大祝皆裨冕○大宰是教令之官大宗是主宗廟之官初不裨冕今得裨冕者以爲奉子接神故服祭服此大宰大宗等亦從子升堂故下文云祝宰宗人降東

反位既言降明其時當在堂此經不云升堂者文不具耳○少師奉子以衰者少師主養子之官又奉子故與子皆著衰也皇氏及王肅云謂以衰衣而奉之崔氏云諸侯五日而殯殯而成服此三日而衰者喪已在殯異於未殯也○祝先子從者祝主接神故先進也少師奉子次從祝也○宰宗人從者大宰大宗爲詔告贊君事故次從在後也○入門哭者止者入門是入殯宮門也衆主人及諸臣並已先列位而哭今祝宰宗三人將子入門見故命門內在位者止哭也前告是初生日哀甚故祝升階乃命止哭今三日哀已微殺故子入門而哭則止也○注宰宗至事者○正義曰上云大宰大宗此直云宰宗人者皇氏云宰則大宰宗人則大宗也此祝先子從者同吉祭之禮故特牲少牢皆祝前主人後若凶祭則主人前祝在主人後士虞禮是也今此亦凶祭而祝在先者以其告神故也○子升至額哭○子升自西階者謂世子不忍從先君之階升故由西階升於時太宰大宗及祝亦升不言從者以子爲主故畧而不言也殯前北面者殯以東爲前謂當殯之東稍南北面也○祝立於殯東南隅者祝在子之西而北面當殯之東南故云殯東南隅也其宰及宗人皇氏云以次立於子之東階北面若其須詔○相之時或就子前而西面也○祝聲三者亦謂警神也前告生哀甚故盡階不升

堂此見子須近殯故進立於殯東南隅既謦神之後祝乃告曰夫人某氏之子某從執事宰宗人等敢見告訖奉子之人拜而稽顙乃哭不踊者未即位故也皇氏云於時未立子名不得云某氏之子某從執事下有某字者誤也今按定本及諸本皆有某字子升堂之時大宰即位立名告殯云某之子某○祝宰至衰杖○祝宰宗人卿大夫士哭踊三者三此等以子稽顙哭故亦祝宰宗人在堂上皆曰哭衆主人卿大夫士俱在西階下北面哭爲踊每踊三度爲一節如此者三故云三者三○降東反位者堂上皆降反東在下者皆東反朝夕哭位降者謂降自西階也皆袒者以初堂上堂下之哭非正位故不袒今反朝夕哭位故皆袒○子踊房中亦踊者以上文子不踊房中亦不踊至此乃踊故云子踊房中亦踊明祝宰宗人衆主人及卿大夫士反位亦皆云踊也當子踊之時亦袒也故下注云踊襲衰杖成子禮也既云襲明初時袒也皇氏云子踊不袒○若然子初不袒何得後有襲乎皇氏說非也○注亦謂朝奠○正義曰恐是見子故爲奠祭故云亦謂朝奠以告生之時遂朝奠故云亦謂朝奠知非特奠者在殯無特告奠之法故也○注因負至畧也○正義曰按內則及左傳桓六年皆三月乃名之今此因負子三日即名之以喪事促遽於禮簡畧不暇待三月也上見殯之時既以名告故

禮記疏卷二

五

云某之子某鄭於此乃解名者以經有名文而遂解之非謂告山川之時始作名也若依皇氏以見殯後乃作名故鄭於此解之

○曾子問曰：如已葬而世子生，則如之何？

孔子曰：大宰、大宗從大祝而告于禰，告生也○禰本又作祢乃禮反三月乃名于禰，以名徧告及社稷、宗廟、山川。

【疏】曾子至山川○正義曰：此一節因前論問君未葬而世子生，今更問已葬後世子生之禮○大宰大宗從大祝而告于禰者，禰父殯宮之主也。既葬訖，殯無尸柩，唯有主在，故告於主，漸神事之故也。同廟主之名，故曰禰也。然直云三人告禰，不云攝主者，葬時攝主已弁經葛以交神明，葬竟又服受服，喪之大節更畢，攝主亦無復有此事，故子生則攝主不復與羣臣列位西階下，故自還依大宰之禮。與大宰、大宗從大祝裨冕而告殯宮中主也。不云裨冕者，未葬尚裨冕，葬後不言自顯也。不云束帛者，凡告必制幣從之，可知也。不言盡階不升者，三人側是升者，非不升也。不言某之子生敢告者，亦自可知也。三月乃名于禰者，葬後神事之，故依平常之禮，三日不見也，三月乃見，因見乃名，故云乃名于禰也從見之人與告生不異故不重言也雖三日不見其成服衰絰自依常禮也○以名徧告及社稷宗廟山川者名於禰既畢宰亦命祝史徧告也不言宰命祝史從可知也又前不云社稷宗廟此不云五祀相互明也王肅云前三日名之君未葬當稱子某故三日因名之。此經既葬稱子不稱名故三月乃名也鄭云稱世子生喪在殯告五祀山川耳五祀殯宮之五祀山川國鎮之重不可不告故越社稷告之既葬而世子生三月而名葬後三月於禮已祔廟故告可及廟廟與社稷相連不得不告社稷

○孔子曰諸侯適天子必告于祖奠于禰皆奠幣以告之互文也冕而出視朝聽國事也諸侯朝天子必裨冕爲將廟受也裨冕者公袞侯伯鷩子男毳○朝直遥反注及下同爲于僞反下爲事同袞古本反鷩必列反毳昌鋭反命祝史告于社稷宗廟山川臨行又徧告宗廟孝敬之心也乃命國家五官而後行五官五大夫典事者命者勑之以其職道而出祖道也聘禮。出祖釋軷祭酒脯也○軷步末反告者五日而徧過是非禮也

既告不敢久留凡告用牲幣反亦如之牲當爲制字之誤也制幣一丈八尺○牲幣依注牲音制諸侯相見必告于禰道近或可以不親告祖朝服而出視朝朝服爲事故也命祝史告于五廟所過山川山川所不過則不告貶於適天子也亦命國家五官道而出反必親告于祖禰乃命祝史告至于前所告者而后聽朝而入反必親告祖禰同出入禮【疏】孔子至如之○正義曰此一節論諸侯朝天子將出之禮不云曾子問直云孔子曰者以此與上事連文上既云以名徧告社稷宗廟因論出朝告祖禰之事此乃因上起文也此篇之內時有如此故下曾子問云除喪則不復昏禮乎孔子曰祭過時不祭禮也又何反於初又云孔子曰嫁女之家三夜不息燭與此相類云告于祖亦告于禰也言奠于禰亦奠于祖也○冕而出視朝○禆冕謂禆衣而冕禆衣者公袞侯伯鷩子男毳視朝詔聽事也○注聽國至受也○正義曰聽國事解經視朝之事云諸侯朝天子必禆

冕爲將廟受也諸侯視朝當用玄冠緇衣素裳今視朝而服裨冕之服者按覲禮侯氏裨冕天子受之於廟故鄭云諸侯朝天子必裨冕爲將廟受也言天子於廟受巳之禮今諸侯往朝天子爲天子將欲於廟中受巳之禮故諸侯豫敬之以冕服視朝也。命祝史告于社稷宗廟山川。注臨行又徧告宗廟孝敬之心也。正義曰按上文云諸侯適天子必告于祖奠于禰此又命祝史告于宗廟山川是臨行一告宗廟則知後再告故云臨行又徧告宗廟孝敬之心也言徧告宗廟則五廟皆告也前云告于祖者亦祖禰皆告也。乃命國家五官而后行。注五官至其職。正義曰按大宰云建其牧立其監設其參傳其伍是諸侯有三卿五大夫經云五官故云五大夫以屬官大夫其數衆多直云五者據典國事者言之不云命卿者或從君出行或雖在國留守摠主羣吏如三公然不專主一事且尊之既命五大夫則卿亦命之可知故不顯言命卿也命者謂戒勑以所掌之事也。注祖道至脯也。正義曰經言道而出明諸侯將行爲祖祭道神而後出行引聘禮者證祖道之義按聘禮記云出祖釋軷祭酒脯彼注云祖始也行出國門止陳車騎釋酒脯之奠於軷爲行始也春秋傳曰軷涉山川然則軷止行之名也道路以險阻爲難是以委土爲山或伏牲其上使者爲軷祭酒脯祈告也

禮畢然後乘車轢之而遂行其有牲犬羊可也此城外之軷
祭也其五祀行神則在宮內故鄭注聘禮云行謂行者之先
其古人之名未聞天子諸侯有常祀在冬也喪禮有毀宗躐
行出于大門則行神之位在廟門外西方又鄭注月令軷壇
厚二寸廣五尺輪四尺周禮注云以菩芻棘柏爲神主此鄭
釋爲軷祭之義此軷亦有尸故詩生民云取羝以軷注橎烈
其肉爲尸羞是也其牲天子軷用犬故犬人云伏瘞亦如之
注云伏謂伏犬於軷上諸侯用羊詩云取羝以軷謂諸侯也
卿大夫以酒脯既行祭軷竟御者以酒祭車軾前及車左右
轂末故周禮大馭云及犯軷王自左馭馭下祝登受轡犯軷
遂驅之又云及登酌僕僕左執轡右祭兩軷祭軓乃飲軓即
轂末軓謂車軾前是也其祭宮內行神之軷及城外祖祭之
軷其制不殊崔氏云宮內之軷祭古之行神城外之軷祭山
川與道路之神義或然也壇名山其神曰纍○告者五日而
徧過是非禮也○前命祝史告山川而諸侯猶待告徧乃行
也以五日爲期若近者乃可就彼告若遠者則當望告故以
五日爲限也所以爾者爲先以告廟載遷主若久留不去則
爲非禮故云過是非禮也曲禮云凡爲君使者已受今君言
不宿於家是也○注牲當爲制字之誤也○正義曰皇氏熊
氏以此爲諸侯禮不應用牲故牲當爲制其天子則當用牲

故熊氏云鄭注周禮大祝職引此文云告用牲幣不破牲字是天子用牲幣也必知天子用牲者校人云王所過山川則飾黄駒是用牲也必知諸侯不用牲者約下文云幣帛皮圭以告故知不用牲也或天子諸侯出入有告有祭故告用制幣一丈八尺其卿大夫唯入祭而已故聘禮既使而反祭用牲也。注道近至告祖。正義曰以直云告于禰是據其道近故云或可以不親告祖知諸侯不直告禰者下文云反必親告于祖禰明出時亦告祖禰爲道近唯告禰耳。注朝服爲事故也。正義曰朝服爲事故者或會或弔之事諸侯朝服玄冠緇衣素裳以上文諸侯朝天子冕而出視朝爲將廟受尊敬天子習其禮故著冕服諸侯相朝亦雖在廟受降下天子不敢冕服唯著臨朝聽事之服故云朝服爲事故也熊氏又云此朝服謂皮弁服以天子用以視朝故謂之朝服論語云吉月必朝服而朝注云朝服皮弁服是也必知朝服皮弁服者聘禮諸侯相聘皮弁服明相朝亦皮弁服此義爲勝也。注反必親告祖禰同出入禮。正義曰庾蔚云鄭嘗謂出入所告理不容殊而諸侯相見出不云告祖者或道近變其常禮耳故反必親告祖禰以明出入之告其禮不殊也

○曾子問曰並有喪如之何何先何後並謂父母若親

同者同月死　孔子曰葬先輕而後重其奠也先重而後輕禮也自啓及葬不奠不奠務於當葬者行葬不哀次不哀次輕於在殯者反葬奠而後辭於殯遂脩葬事殯當爲賓聲之誤也辭於賓謂告將葬啟期也。殯音賓出注其虞也先重而後輕禮也○孔子曰宗子雖七十無無主婦族人之婦不可無紀非宗子雖無主婦可也〔疏〕曾子至禮也。正義曰此一節論並有喪葬之事各隨文解之。注並謂至月死。正義曰並謂父母也親同者祖父母及世叔兄弟云同月死不云同日者畧可知也。自啓至葬事。既父喪在殯先葬母之時自從也從啓母殯之後及至葬柩欲出之前唯設母之啓殯之奠朝廟之奠及祖奠遣奠而已不於殯宮爲父設奠故云自啓及葬不奠謂不奠父也不奠者不朝夕更改新奠仍有舊奠存也行葬不哀次者次謂大門外之右平生待賓之處葬柩車出門至此孝子悲哀柩車暫停今爲父喪在殯故行葬母之時出門。孝子不得爲母伸哀於所次之處遂行而去所以不敢若此悲哀恐輕於在殯也反葬奠者謂葬母還反于父殯然後設奠也。而后辭於殯遂脩葬事者辭猶告也謂奠父之後孝子告語於賓以明日啓父殯期節既告賓出之後遂修營葬父之事所以葬則先輕奠則先重者皇氏云葬是奪情故從輕者爲首奠是奉養故令重者居先也。注不奠務於當葬者。正義曰不奠謂不奠父及餘喪也重喪所以不奠者若營奠父事恐葬事避晚務欲輕喪在先當葬者使其速畢故也知此不奠不據先葬者葬是喪之大事永離宮室不可以不奠也。注不哀次輕於在殯者。正義曰解經不哀次之義以父喪在殯爲重今爲母至次處而哀爲輕於在殯者今爲在殯者所壓不敢爲母伸哀故云不哀次輕於在殯者上注云若親同者則除父母之外餘喪其重喪在殯皆爲輕喪不哀次。注殯當至期也。正義曰此經辭於殯知非告殯以將葬而云殯當爲賓爲告賓者按既夕禮云主人請啓期告于賓之後即陳葬事設盥陳鼎饌東牀之屬下乃云祝聲三是告殯之事今先云辭於殯乃云遂脩葬事故云殯當爲賓謂詔告賓也與既夕禮同。其虞也先重而後輕禮也。以虞是奠之類故亦先重後輕以禮結之故云禮也按崇精問曰葬母亦朝廟否其虞父與母同日異日乎焦氏荅曰婦未廟見不朝廟耳内豎職云王后之喪朝廟則爲之蹕也是母喪亦朝廟明也虞當異日也○孔子至可也○正義曰此一節論宗子立後之事凡無問而稱孔子曰者皆記者失問也亦此卷之通例矣宗子大宗子也凡人年六十無妻者不復娶以陽氣絶故也而宗子領宗男於外宗婦領宗女於内昭穆事重不可廢闕故雖年七十亦猶娶也故云無無主婦言必須有也然此謂無子孫及有子而年幼小者○若有子孫則傳家事於子孫故曲禮七十老而傳是也

曾子問曰將冠子冠者至揖讓而入聞齊衰大功之喪如之何冠者賓及贊者○冠古亂反下及注皆同孔子曰内喪則廢外喪則冠而不醴徹饌而埽即位而哭如冠者未至則廢内喪同門也不醴不醴子也其廢者喪成服因喪而冠○饌仕戀反埽悉報反如將冠子而未及期日而有齊衰大功小功之喪則因喪服而冠廢吉禮而因喪冠俱成人之服及至也除

喪不改冠乎孔子曰天子賜諸侯大夫冕弁服於大廟歸設奠服賜服於斯乎有冠醮無冠醴酒爲醮冠禮醴重而醮輕此服賜服酌用酒尊賜也不醴明不爲改冠改冠當醴之。醮子妙反酌而無獻酬曰醮父沒而冠則已冠埽地而祭於禰已祭而見伯父叔父而后饗冠者饗謂禮之

〔疏〕曾子至冠者。正義曰此一節論冠子逢喪之事將冠子冠者至揖讓而入者曾子問將欲冠子冠者謂賓及贊者至主人之門而與主人揖讓而入主人忽聞齊衰大功之喪如之何孔子荅之云若是大門內之喪則廢以加冠在廟廟則在大門之內吉凶不可同處故云內喪則廢。外喪則冠而不醴者外喪謂大門外之喪喪在他處猶可以加冠也但平常吉時三加之後設醴以禮冠者之身今既有喪故直三加而已不醴之。徹饌而埽者以初欲迎賓之時未知有喪醴及饌具既已陳設今忽聞喪故徹去醴與饌具又埽除冠之舊位令。使清絜。更新乃即位而哭如賓及贊者未至則廢而不冠也。如將至而冠

既荅曾子之問遂言未及期日有喪之禮期云未及故日而
有齊衰大功小功之喪○則因喪服而冠者孔子言冠日尚
遠不可以吉加冠故廢其吉禮則因著喪之成服而加喪冠
也除喪不改冠乎者曾子既得夫子引類以荅之仍疑而發
問云除此喪服○而冠此除喪之後不更改易而行吉冠之禮
乎○孔子至賜服○此一經孔子引類荅曾子除喪不合改
冠之事所以然者謂諸侯幼弱未冠總角從事至當冠之年
因朝天子天子而賜諸侯大夫或弁或冕之服於天子大廟
之中榮君之賜歸設奠祭於巳宗廟此時身服所賜之服更
不改冠也○於斯乎有冠醮無冠醴斯此也於此之時唯有
冠之醮法行醮以相燕飲無有冠之醴法謂不用醴以禮受
服者之身所以然者凡改冠則當用醴今既受服於天子不
可歸還更改爲初冠禮法然則既因喪而冠不可除喪更改
爲吉冠也○父沒至冠者○孔子既荅其問又釋父沒加冠
之禮故云父沒而冠則加冠巳冠之後埽地而祭於禰廟巳
祭之而見伯父叔父見伯叔之後乃饗冠者○注內喪至而
冠○正義曰內喪同門者皇氏云謂同大門之內云不醴不
醴子也者接士冠禮醴子之後始醴賓恐此經云不醴是不
醴賓故云不醴子也必知不醴子者以經云冠者未至則廢
廢謂子身冠廢明不醴是不醴子也云其廢者喪成服因喪

而冠者以下文云未及期日因喪服而冠是也熊氏以即位而哭謂在冠家即位以文承徹饌而歸之下皇氏以爲即喪家之位非也○注廢吉至之服○正義曰吉冠是吉時成人之服喪冠是喪時成人之服今既有凶廢吉禮而因喪冠故云俱成人之服也○注酒爲至醴之○正義曰按士冠禮云若不醴則醮用酒是酌酒爲醮謂之醮者鄭注云酌而無酬酢曰醮皇氏云醴亦無酬酢而云酒無酬酢者以酒有酬酢爲常禮故無酬酢乃謂之爲醮云冠禮醴重而醮輕者按士冠禮適子三加於阼乃醴於客位醴是古之酒故爲重士冠禮又云若庶子則冠於房外南面遂醮焉醮既用酒酒是後代之法故爲輕也按士冠禮若不醴則醮用酒注云若不醴謂國有舊俗可行聖人用焉不改者也如鄭此言則行周禮者適子用醴庶子用醮若用先王舊俗者雖適子與庶子同用醮先王是夏殷也雖在周前因而用也醮之所以異於醴者醴則三加之後揔一醴之醮則每一加而行一醮凡三醮也云酌用酒尊賜也者謂諸侯大夫既受賜服而歸祭告之後使人酌酒以飲已榮上之賜不酬酢也云不醴明不爲改冠者受賜服而來若其改而更冠應從適子之尊冠必酌醴以醴之今既不醴明不改冠也皇氏云謂諸侯及大夫幼弱未冠總角從事當冠之年因朝天子而賜之服故歸還不改

冠也義或然也。注饗謂禮之。正義曰按士冠禮醴賓以壹獻之禮此云饗冠者前注云冠者賓及贊者此即是饗賓及贊者此父沒而冠按士冠禮云若孤子則父兄戒宿冠之日主人紒而迎賓拜揖讓立于序端則冠身自迎賓皇氏云冠者諸父迎賓非禮也

○曾子問曰祭如之何則不行旅酬之事矣孔子曰聞之小祥者主人練祭而不旅奠酬於賓賓弗舉禮也奠無尸虞不致爵小祥不旅酬大祥無無筭爵彌吉昔者魯昭公練而舉酬行旅非禮也孝公大祥奠酬弗舉亦非禮也孝公隱公之祖父

疏　曾子至禮也。正義曰此一節論喪祭簡畧之事。孔子至舉禮也練小祥祭也旅謂旅酬故奠無尸虞不致爵至小祥彌吉但得致爵於賓而不得行旅酬之事大祥乃得行旅酬而不得行無筭爵之事也此皆謂喪畢簡畧於禮未備故也。注奠無至彌吉。正義曰按士虞禮云男男尸女女尸檀弓云虞而立尸是虞時始立尸故云奠無尸奠所以無尸者奠是未葬之前

形體尚在未忍立尸異於生故未立尸虞是既葬之後形體已去鬼神事之故立尸以象神也又按特牲云祝延尸於奧尸即席坐主人拜妥尸尸荅拜尸左執觶右取菹換于醢祭于豆間佐食取黍稷肺祭授尸尸祭之祭酒啐酒祭鉶乃食九飯主人洗角升酌酳尸尸卒爵祝酌授尸尸以酢主人主人卒爵筵祝南面主人酌獻祝祝受卒爵主人酌獻佐食佐食受卒爵此是主人之獻也特牲又云主婦洗爵獻尸尸卒爵尸酢主婦主婦卒爵主婦酌獻祝祝卒爵酌獻佐食佐食卒爵此是主婦之獻也賓三獻獻于尸尸三爵止注云尸止爵者三獻禮成欲神惠之均於室中云虞不致爵者按士虞禮賓三獻尸尸卒爵禮畢無致爵以下之事所謂虞不致爵也按特牲又云尸止爵之後席于戶內主婦洗爵酌致爵于主人主人拜受爵主婦拜送爵主人卒爵拜主婦荅拜受爵酌酢左執爵拜主人荅拜主人降洗酌致爵于主婦席于房中南面主婦拜受爵主人西面荅拜主婦卒爵拜主人荅拜主人更爵酢卒爵拜主婦荅拜所謂致爵也三獻之賓作尸所止爵尸飲卒爵酢賓賓飲卒爵獻祝及佐食致爵于主人主婦畢主人降阼階升酌西階上獻賓及衆賓訖主人洗觶于西階前北面酬賓賓酬賓訖主人洗爵于阼階上獻長兄弟及衆兄弟及內兄弟于房中獻畢賓乃坐取主人所酬之觶

於阼階前酬長兄弟長兄弟受觶於西階前酬衆賓衆賓酬
衆兄弟所謂旅酬也云小祥不旅酬衆賓不舉主人所酬之
觶不行旅酬之事所謂小祥不旅酬謂奠酬於主人主人酬
於賓賓不舉也旅酬之後賓弟子兄弟弟子各酌于其尊舉
觶各於其長賓取觶酬兄弟之黨長兄弟取觶酬賓之黨所
謂無筭爵也云大祥無無筭爵彌吉者大祥乃得行旅酬而
不得行此無筭爵之事故云大祥無無筭爵以其漸漸備禮
故云彌吉仍未純吉也。昔者魯昭公練而舉酬行旅非禮
也者練祭但得致爵於賓賓不合舉此爵而行旅酬今昭公
行之故曰非禮也大祥彌吉得行旅酬今孝公不然亦曰非
禮。注孝公隱公之祖父。正義曰按世本孝
公生惠公弗皇弗皇生隱公是隱公之祖父也○曾子問
曰大功之喪可以與於饋奠之事乎饋奠在殯時也。與
音預下至說哀與奠皆同孔子曰豈大功耳自斬衰以下皆
可禮也曾子曰不以輕服而重相爲乎怪以重服而爲
人執事。爲于僞反注爲人其所爲服爲君爲其皆同孔子曰非此之謂也非謂

為人謂於其所為服也天子諸侯之喪斬衰者奠為君服者皆斬衰唯主人不奠大夫齊衰者奠服斬衰者不奠辟正君也齊衰者其兄弟○辟音避下同士則朋友奠不足則取於大功以下者不足則反之服齊衰者不奠辟大夫也言不足者謂殷奠時○士則朋友一本作士則朋友奠曾子問曰小功可以與於祭乎祭謂虞卒哭時孔子曰何必小功耳自斬衰以下與祭禮也曾子曰不以輕喪而重祭乎怪使重者執事孔子曰天子諸侯之喪祭也不斬衰者不與祭大夫齊衰者與祭士祭不足則取於兄弟大功以下者○曾子問曰相識有喪服可以與於祭乎問已有喪服可以助所識者祭否○

孔子曰緦不祭又何助於人〔疏〕曾子至反之○正義曰此一節論爲死者服還得爲死者饋奠之事曾子之意云已有大功之喪可以與於他人饋奠之事乎孔子不解曾子問旨謂言曾子所問已有大功之喪得爲大功者饋奠以否故荅云豈大功乎言已有大功豈但爲大功者饋奠自斬衰以下皆可禮也言身有斬衰所爲者斬衰身有齊衰所爲者齊衰皆可與於饋奠故云禮也○曾子曰不以輕服而重相爲乎孔子所論據所服者言之曾子又不解孔子之旨謂言爲他人故更問云若爲他人不以輕已喪服而重他人相爲饋奠乎○孔子曰非此之謂也孔子乃荅云我之所言據其所爲服者饋奠非此爲他人之謂也故注云非謂爲人謂於其所爲服也以下乃論所爲饋奠之事也天子諸侯之喪斬衰者奠大夫之喪齊衰者奠士則朋友奠若朋友不足則取於大功以下小功緦麻者奠若其不足則反之謂奠大執事其人不足則反取前人執事者充之○注饋奠在殯時也○正義曰以其稱奠又下云天子諸侯之喪祭也喪祭謂虞卒哭故知此饋奠謂在殯時也○注爲君至不奠○正義曰知主人不奠者按士喪禮主人不親奠又此文云士則朋友奠故知主人不親奠也主人必不親奠者以主人悲號思慕不暇執事故也○注

服斬至兄弟○正義曰大夫之喪子服斬衰者不親奠此服斬衰謂大夫家臣雖服斬衰不得饋奠辟天子諸侯之正君云齊衰者其兄弟者以大夫之喪子及屬臣皆服斬衰今服齊衰唯兄弟耳故云其兄弟也○注言不至奠時○正義曰殷奠謂月朔之奠以其有牲牢黍稷用人多也殷盛也以月朔之奠盛於常奠非月半之殷奠也以士月半不殷奠故也以次差之天子斬衰者奠大夫用齊衰士則應先取大功今先取朋友者以天子諸侯皆使臣爲奠大夫辟正君故遣兄弟奠士則位卑不嫌敵君故遣僚屬奠僚屬則朋友也按士虞禮祝免澡葛絰帶鄭云治葛以爲首絰及帶接神宜變也然則士之屬官爲其長弔服加麻矣祝則僚屬也加麻則朋友也○注祭謂虞卒哭時○正義曰知者以下文孔子荅云諸侯之喪祭也故知此祭謂虞卒哭時也知非練祥者以士練祥之祭大功之服已除不得云取於兄弟大功以下者其天子諸侯則得兼練祥也以其練祥時猶斬衰與祭也○曾子至於人○正義曰此一節論身有喪服不得助他人祭事○緦不祭又何助於人者言身有緦服尚不得自祭已家宗廟何得助於他人祭乎而熊氏云謂身有緦服則不得自爲父母虞祔卒哭祭此謂同宮緦則士爲妾有子及大夫爲貴妾是同宮緦者若大夫士有齊衰大功小功緦麻同宮則

亦不祭若異宮則殯後得祭故雜記云父母之喪將祭而兄弟死既殯而祭若同宮則雖臣妾葬而后祭虞祔亦然天子諸侯臣妾死於宮中雖無服亦不得爲父母虞祔卒哭祭也天子諸侯適子死斬衰既練乃祭天子諸侯爲適孫適婦則既殯乃祭以異宮故也

○曾子問曰廢喪服可以與於饋奠之事乎謂新除喪服也孔子曰說衰與奠非禮也執事於人之神爲其忘哀疾也○說湯活反○以擯相可也〔疏〕曾子至可也○正義曰此一節論大祥除服不得與他人饋奠之事廢猶除也吉已新說喪服可以與他人在殯饋奠之事乎不問可以與於吉祭而問可與饋奠者以已新說喪服吉祭禮輕吉凶不相干涉其不可饋奠是他人之重者已又新始說衰凶事相因疑得助奠故問之也

○曾子問曰昏禮既納幣有吉日女之父母死則如之何吉日取女之吉日○相息亮反取七住反本亦作娶下文取婦取女同○孔子曰壻使人弔如壻之父母死則女之家亦

使人弔必使人弔者未成兄弟父喪稱父母喪稱母禮宜各以其敵者也父使人弔之辭云某子聞某之喪某子使某如何不淑母則若云宋蕩伯姬聞姜氏之喪伯姬使某如何不淑凡弔辭耳一父母不在則稱伯父世母弔禮不可廢也伯父母又不在則稱叔父母壻已葬壻之伯父致命女氏曰某之子有父母之喪不得嗣爲兄弟使某致命女氏許諾而弗敢嫁禮也必致命者不敢以累年之喪使人失嘉會之時○累力弭反○壻免喪女之父母使人請壻弗取而后嫁之禮也請請成昏女之父母死壻亦如之女免喪壻之父母亦使人請其已葬時亦致命

〔疏〕曾子至如之○正義曰此一節論昏娶遭喪之事各隨文解之○注必使至兄弟○正義曰以夫婦有兄弟之義故下云不得嗣爲兄弟或據壻於妻之父母有緦服故得謂之爲兄弟也○父喪稱父母喪稱母禮各宜以敵若

彼家父死則此家遣使弔當稱此家父遣使弔也若彼家母死則此此家亦稱母遣使弔也○注某子至一耳○正義曰某子謂此父姓位某之喪者謂若彼家死者之身某子使某如何不淑者某子還指此父姓位使某某是使者之名淑善也致辭云如何不善云母則若云宋蕩伯姬聞姜氏之喪者鄭假說爲文故云若宋蕩伯姬據此壻家之母姜氏之喪據彼女家之母伯姬使某如何不淑者某謂使者之名按僖二十五年經云宋蕩伯姬來逆婦是宋國公子蕩之妻元是魯女既嫁與蕩氏爲妻故云宋蕩伯姬也今爲其子來迎魯公之女而爲婦魯之夫人多是齊女故稱姜氏姜氏若蕩伯姬遣使來弔則云聞姜氏之喪云凡弔辭一耳者謂男弔女家女弔男家皆云使某如何不淑是弔辭一也○父母不在則稱伯父世母此家父不在彼家父亡則稱伯父某子使某伯父某亦不在則稱叔父某子使某若此家母不在彼家母亡則稱伯母某氏叔母某氏使某直云父母不在不云沒亡則兼沒亡及餘不在也○壻已葬壻之伯父致命女氏○必待已葬者葬後哀情稍殺始兼他事不待踰年者不可曠年廢人昏嫁也不得嗣爲兄弟者夫婦有兄弟之義或據壻爲妻父母有緦麻之服故謂之兄弟○壻免喪女之父母使人請壻免喪之後則應迎婦必須女之父母請者以壻家既葬致命

於已壻既免喪所以須請也女之父母死壻亦如之女之父母死已葬之後女之伯父致命於男氏曰某之子有父母之喪不得嗣爲兄弟使某致命男氏許諾而不敢娶女免喪壻之父母使人請女家不許壻而後別娶禮也陽唱陰和壻之父母使人請昏而女家得有不許者亦以彼初葬訖致命於已故也○**曾子問曰親迎女在塗而壻之父母死如之何孔子曰女改服布深衣縞總以趨喪**布深衣縞總婦人始喪未成服之服○迎魚敬反下同縞古老反總音揔〔疏〕曾子至趨喪○正義曰女改服者謂女在塗聞舅姑喪即改嫁時之衣服嫁服者士妻褖衣大夫妻展衣卿妻則鞠衣故士昏禮云女次純衣純衣即褖衣也○注布深至之服○正義曰深衣謂衣裳相連前後深邃故曰深衣縞白絹也總束髮也長八寸女在塗以其聞喪即改嫁服故云未成服之服也士喪禮注始死婦人將斬衰者去笄而纚將齊衰者骨笄而纚至將斂時則婦人亦去笄纚而髽皆不云縞總文或畧也**女在塗而女之父母死則女反**奔喪服期○期居宜反下同**如壻親迎女未**

至而有齊衰大功之喪則如之何〔疏〕注奔喪服期。正義曰經云女反故知奔喪喪服期云女子子在室爲父箭笄髽衰三年今既在塗非復在室故知服期但在室之女父卒爲母亦三年今既在塗故爲父母同皆期也於時女亦改服布深衣縞總反而奔喪孔子曰男不入改服於外次女入改服於內次然後即位而哭不聞喪即改服者昏禮重於齊衰以下曾子問曰除喪則不復昏禮乎復猶償也。償音嘗孔子曰祭過時不祭禮也又何反於初重喻輕也同牢及饋饗相飲食之道。過古臥反飲於鴆反食音嗣○孔子曰嫁女之家三夜不息燭思相離也親骨肉也。離力智反取婦之家三日不舉樂思嗣親也重世變也〔疏〕孔子至而哭。正義曰女既未至聞壻家有齊衰大功之喪則廢其昏禮男女變服就位哭男謂壻也不入大門改其親迎之服服深衣於門

外之次女謂婦也入大門改其嫁服亦深衣於門內之次男
女俱改服畢然後就喪位而哭謂於壻家爲位也皇氏以爲
就喪家爲位哭也然曾子雖問齊衰大功不問小功者以小
功輕不廢昏禮待昏禮畢乃哭耳故雜記云小功可以冠子
取婦明與大功及期異也此文據壻家齊衰大功之喪若女
家齊衰大功之喪皇氏云女不反歸其改服即位與男家親
同也此不見喪而改服奔喪禮注云不見喪不改服者崔氏
云奔喪不見喪不改服謂不改素冠而著免其改吉服著布
深衣素冠聞喪即改之○注不聞至以下○正義曰上文云
女聞壻之父母喪在塗即改服今女聞壻齊衰大功之喪入
門始改服故云不聞喪即改服者昏禮重於齊衰以下者按
禮運云三年之喪與新有昏者期不使又王制云齊衰大功
三月不從政是昏禮重於齊衰以下也此謂在塗聞齊衰大
功廢昏禮若婦巳揖讓入門內喪則廢外喪則行昏禮約上
冠禮之文此熊氏之說然昏禮重於冠故雜記云大功之末
可以冠子小功之末可以取妻也○注復猶償也○正義曰
復是反覆之義故爲償也曾子以初昏遭喪不得成禮除喪
之後豈不酬償更爲昏禮乎○孔子曰祭過時不祭禮也又
何反於初過時不祭謂四時常祭也謂祭重而昏輕重者過
時尚廢輕者不復可知熊氏云若喪祭及禘祫祭雖過時猶

追而祭之故禘祫志云昭十一年齊歸薨十三年會于平丘冬公如晉不得祫至十四年乃追而祫之十五年乃禘也又僖公八年春當禘以正月會王人于洮故七月而禘故雜記云三年之喪既顈其練祥皆行是追行前練祥祭也○注重踰至之道○正義曰祭祀是奉事鬼神故爲重昏禮是生人燕飲故爲輕踰踰明也據重者尚廢以明輕者廢可知也故云重踰輕也○注重世變也○正義曰所以不舉樂者思念已之取妻嗣續其親則是親之代謝所以悲哀感傷重世之改變也

三月而廟見稱來婦也擇日而祭於禰成婦之義也謂舅姑没者也必祭成婦義者婦有供養之禮猶舅姑存時盥饋特豚於室○供九用反養羊尚反盥饋音管下其位反○曾子問曰女未廟見而死則如之何孔子曰不遷於祖不祔於皇姑壻不杖不菲不次歸葬于女氏之黨示未成婦也遷朝廟也壻雖不備喪禮猶爲之服齊衰也○菲一本作屝扶畏反草屨朝直遥反爲于僞反下爲庶母爲其下文君爲皆同

○曾子問曰取女有吉日而女死如之何孔子曰壻齊衰而弔既葬而除之夫死亦如之

未有期三年之恩也女服斬衰〔疏〕三月至義也○正義曰此謂舅姑亡者婦入三月之後而於廟中以禮見於舅姑其祝辭告神稱來婦也謂選擇吉日婦親自執饌以祭於舅禰廟以成就婦人盥饋之義○注謂舅至於室○正義曰若舅姑存者於當夕同牢之後明日婦執棗栗腶脩見於舅姑見訖舅姑醴婦醴婦訖婦以特豚盥饋舅姑盥饋訖舅姑饗婦更無三月廟見之事此是士昏禮之文若舅姑既沒雖昏夕同牢禮畢明日無見舅姑盥饋之事至三月乃奠菜於舅姑之廟故昏禮云舅姑既沒則婦入三月乃奠菜是也昏禮奠菜之後更無祭禰舅姑之事此云祭於禰者正謂奠菜也則廟見奠菜祭禰是一事也熊氏云如鄭義則從天子以下至於士皆當夕成昏舅姑沒者三月廟見故成九年季文子如宋致女鄭云致之使孝非是始致於夫婦也又隱八年鄭公子忽先配而後祖鄭以祖爲祖道之祭應先爲祖道然後配合今乃先爲配合而後乃爲祖道之祭如鄭此言是皆當夕成昏也若賈服之義大夫以上無問舅姑在否皆三月見祖

廟之後乃始成昏故譏鄭公子忽先爲配匹乃見祖廟故服
虔注云季文子如宋致女謂成昏是三月始成昏與鄭義異
也若舅姑偏有没者庾氏云昏夕厥明即見其存者以行盥
饋之禮至三月不須廟見亡者崔氏云厥明婦盥饋於其存
者三月廟見於其亡者未知孰是此盥饋廟見皆謂適婦其
庶婦按士昏禮庶婦則使人醮之婦不饋注云使人醮之不
饗也不饋者共養統於適也以此言之則庶婦不饋舅姑舅
姑不饗也使人醮之以酒而已既不饋亦不廟見也昏禮唯
云不饋不云不見則庶婦亦以棗栗腶脩見舅姑也三月廟
見之禮必待三月一時天氣改變乃可以事神也○不遷至
婦也○婦既死於已寢將反葬於女氏之黨故其柩不遷移
朝於壻之祖廟言祔祭之時又不得祔於皇姑廟也皇大也
君也稱皇者尊之也凡人爲妻齊衰杖而菲屨今壻爲之不
杖不菲不次菲草屨也不次謂不別處止哀次也壻爲妻合
服齊衰杖而菲屨及止哀次今未廟見而死其壻唯服齊衰
而已其柩還歸葬於女氏之黨以其未廟見不得舅姑之命
示若未成婦然其實已成婦但示之未成婦禮欲見其不敢
自專也○注猶爲之服齊衰也○正義曰此經但云不杖不
菲不云不服故知服齊衰其女之父母則爲之降服大功以
其非在家壻爲之服齊衰期非無主也○注未有至斬衰○

正義曰所以既葬除者壻於女未有期之恩女於壻未有三年之恩以壻服齊衰故知女服斬衰曾子問曰喪有二孤廟有二主禮與怪時有之○與音餘下禮與同孔子曰天無二日土無二王嘗禘郊社尊無二上未知其爲禮也尊喻卑也神雖多猶一一祭之昔者齊桓公亟舉兵作僞主以行及反藏諸祖廟廟有二主自桓公始也僞猶假也舉兵以遷廟主行無則主命爲假主非也○亟徐起吏反喪之二孤則昔者衛靈公適魯遭季桓子之喪衛君請弔哀公辭不得命公爲主客入弔康子立於門右北面公揖讓升自東階西鄉客升自西階弔公拜興哭康子拜稽顙於位有司

弗辯也今之二孤自季康子之過也辯猶正也若康子者君弔其臣之禮也鄰國之君弔君爲之主主人拜稽顙非也當哭踊而已靈公先桓子以魯哀公二年夏卒桓子以三年秋卒是出公也○鄉許亮反先悉薦反夏戶嫁反

疏 曾子至過也○正義曰此一節論喪不得有二孤廟不得有二主之事各隨文解之○孔子曰天無二日土無二王者天有二日則草木枯萎土有二王則征伐不息老子云天得一以清地得一以寧是也○注尊喻卑也者尊謂天無二日土無二王嘗禘郊社尊無二上卑謂喪有二孤廟有二主喻明也尊者尚不可二明卑者不二可知也舉尊以明卑故云尊喻卑也云神雖多猶一一祭之者解嘗禘郊社尊無二上之意以嘗禘之時雖衆神並在猶先尊後卑一一祭之不一時摠祭故云尊無二上也○昔者齊桓公亟舉兵作僞主以行者此說二主之由桓公名小白作霸主亟數也僞假也言作假主以行而反藏於祖廟故有二主也舉兵爲南伐楚北伐山戎西伐白狄故云數舉兵也○今之二孤自季康子之過也○上云自桓公始此不云自季康子始而云康子之過者此孔子荅曾子之時上去桓公已遠二主行來又久故云自桓公始也康子之過者正當孔子之時未知後代行之以

以否不得云自季康子始但見當時失禮故云今之二孤自季康子之過也○注辯猶至公也○正義曰若康子者經云有司謂當時執事之有司畏季子之威不敢辯正故云若康子者若順也云君弔其臣之禮也者按士喪禮君使人弔主人進中庭哭拜稽顙成踊喪大記云大夫既殯君弔主人門右北面哭拜稽顙今季康子與之同故云君弔其臣之禮也云鄰國之君弔君爲之主者以賓主尊卑宜敵故君爲主主則拜賓康子又拜故云非也當哭踊而已但唯君荅拜耳出公來弔春秋不見經者蓋爲弔而來非有國之大事故畧而不書於經也出公輒是靈公孫也曾子所問皆前孤後主今荅前主後孤者謂齊桓公之時事在前衛君之事在後

○曾子問曰古者師行必以遷廟主行乎孔子曰天子巡守以遷廟主行載于齊車言必有尊也今也取七廟之主以行則失之矣齊車金路○守手又反本亦作狩齊側皆反本亦作齋注及下同齊車祭祀所乘金輅也當七廟五廟無虛主虛主者唯天子

崩諸侯薨與去其國與祫祭於祖爲無主耳吾聞諸老聃曰天子崩國君薨則祝取羣廟之主而藏諸祖廟禮也卒哭成事而后主各反其廟老聃古壽考者之號也與孔子同時藏諸主於祖廟象有凶事者聚也卒哭成事先祔之祭名也○祫音洽聃他甘反老聃即老子也祔音附君去其國大宰取羣廟之主以從禮也鬼神依人者也○從才用反下禪從而從同祫祭於祖則祝迎四廟之主祝接神者也主出廟入廟必蹕蹕止行也○蹕音畢

老聃云○曾子問曰古者師行無遷主則何主孔子曰主命問曰何謂也孔子曰天子諸侯將出必以幣帛皮圭告于祖禰遂奉以出

載于齊車以行每舍奠焉而后就舍以脯醢禮神乃敢即安也所告而不以出即埋之反必告設奠卒斂幣玉藏諸兩階之間乃出蓋貴命也【疏】曾子至命也。正義曰此一節論師出當取遷廟主及幣帛皮圭以行廟無虛主之事各隨文解之。注齊車金路。正義曰按齊僕云掌馭金路大馭掌馭玉路凡祭祀皆乘玉路齊車則降一等乘金路也遷廟主行者皇氏云謂載新遷廟之主義或然也。注老聃至名也。正義曰按下文助葬於巷黨老聃曰丘止柩又莊子稱孔子與老聃對言是與孔子同時也按史記云老聃陳國苦縣賴鄉曲仁里也。爲周柱下史或爲守藏史鄭注論語云老聃周之大史未知所出云象有凶事者聚也者此實凶事而云象。以凶事生人自聚今主亦集聚似生人之聚故云象也云卒哭成事先祔之祭名也者檀弓云卒哭曰成事謂漸成吉事檀弓又曰明日祔于祖是卒哭之事在祔祭之前鄭必云先祔之祭名者以卒哭主各反其廟者爲明日祔時須以新死者祔祭於祖故祖主先反廟也。注祝接神者也。正義曰以其祫祭於祖是祝之所掌之事故祝迎四廟之主若去其國非祭祀

之事故大宰取羣廟之主以從鬼神依人故也祫祭於祖則
迎四廟之主祝主接神故迎之也祫合祭祖大祖三年一祫
謂當祫之年則祝迎高曾祖禰四廟而於大祖廟祭之天子
祫祭則迎六廟之主今言迎四廟者舉諸侯言也主出廟入
廟必躍主謂木主羣廟之主也主天子一尺二寸諸侯一尺
出廟者謂出已廟而往太祖廟入廟謂從大祖廟而反還入
已廟若在廟院之外當主○出入之時必須躍止行人若王○入
大祖廟中則不可須躍也俱壓於尊者也若有喪及去國無
躍禮也○老聃云從上天子崩以下至出廟入廟必躍以上
皆是老聃所云結上義也○孔子曰主命者孔子言天子諸
侯將出既無遷主乃以幣帛及皮圭告于祖禰之廟遂奉以
出行載于齊車以象受命故云主命○將出至命也○以曾
子不解主命之意故孔子荅以主命之義云天子諸侯將出
必以幣帛皮圭告于祖禰之廟告訖遂奉此幣帛皮圭以出
於廟載于齊車金路以行每至停舍之處先以脯醢奠此幣
帛皮圭而後始就停舍之處行還反後必陳此幣帛皮圭於
祖禰主前以告神又設奠祭既卒斂此幣帛皮圭埋諸兩階
之閒乃後而出蓋貴此主命故也○注以脯至埋之○正義
曰經云每舍奠焉以其在路不可恒設牲牢故知以脯醢也
與殯奠同謂之奠以其無尸故也云所告而不以出即埋之

者皇氏云謂有遷主者直以幣帛告神而不將幣帛以出行即埋之兩階之間無遷主者加之以皮圭告於祖禰遂奉以出熊氏以爲每告一廟以一幣玉告畢若將所告遠祖幣玉行者即載之而去若近祖幣玉不以出者即埋之以其反還之時以此載行幣玉告於遠祖事畢則埋於遠祖兩階間其近祖以下直告祭而已不陳幣玉也

○子游問曰喪慈母如母禮與如母謂父卒三年也子游意以爲國君亦當然禮所云者乃大夫以下父所使妾養妾子孔子曰非禮也古者男子外有傅內有慈母君命所使教子也何服之有言無服也此指謂國君之子也大夫士之子爲庶母慈已者服小功父卒乃不服昔者魯昭公少喪其母有慈母良及其死也公弗忍也欲喪之有司以聞曰古之禮慈母無服據國君也良善也謂之慈母固爲其善國君之妾子於禮不服也昭公年三十乃喪齊歸猶無戚容是不少又安能不忍於慈母此非昭公明矣未知何公也

○少喪如字下及注皆同讀者亦息浪反今也君爲之服是逆古之禮而亂國法也若終行之則有司將書之以遺後世無乃不可乎公曰古者天子練冠以燕居公弗忍也遂練冠以喪慈母喪慈母自魯昭公始也公之言又非也天子練冠以燕居蓋謂庶子王爲其母○遺如字猶垂反又于季反【疏】子游至始也○正義曰此一節論諸侯之子喪慈母無服之事喪慈母者子游之意以喪服大夫以下所使妾無子者養妾子之無母者謂之慈母喪此慈母如已之母今國君喪其慈母還如已母是禮與○注如母至妾子○正義曰如母謂父卒三年也知者以喪服慈母如母在父卒三年章中故云謂父卒三年若父在之時則期也鄭注喪服大夫妾子父在爲母大功士之妾子父在爲母期則父在爲慈母亦當與已母同也云子游意以爲國君亦當然者鄭知國君者以下孔子荅云君命所使教子也又引魯昭公之事皆以國君荅子游明子游本問國君也云禮所云者乃大夫以下父所使妾

養妾子者禮所云謂喪服所云慈母如母也按喪服傳云慈母者何也妾之無子者妾子之無母者父命妾曰女以爲子命子曰女以爲母若是則生養之終其身如母死則喪之三年必知大夫以下者以天子諸侯不服庶母故此云君命所使何服之有故知此慈母如母謂大夫以下也天子諸侯則絕之也○注此指至不服○正義曰鄭知經指國君之子者以經云君命所使教子故知謂國君之子也國君之子尚不服庶母則國君身不服庶母可知也云大夫士之子爲庶母慈已者服小功者按喪服小功章云君子子爲庶母慈已者傳云君子子者貴人之子也爲庶母何以小功也以慈已加也云父卒乃不服者按喪服云士爲庶母緦則大夫之子父没爲庶母慈已亦緦此云父卒乃不服者謂不服小功仍服緦耳若大夫之子庶母不慈已者雖父在亦服緦故鄭注喪服云其不慈已則緦可也喪服注又云士之妻自養其子則不得有庶母慈已此云大夫士者因大夫連言士耳其實士無庶母慈已者皇氏云有士誤也熊氏云士之適子無母乃命妾慈已亦爲之小功知者以士爲庶母緦明士子亦緦以慈已加小功故此連言大夫士也凡諸侯之子適庶皆三母故内則云必求其寬裕慈惠溫良恭敬慎而寡言者爲子師其次爲慈母其次爲保母内則據諸侯也其大夫及公子適

妻子亦三母故喪服云君子子爲庶母慈已小功注云君子
子者大夫及公子之適妻子又注引内則三母是大夫及公
子適妻之子爲三母故彼注不云師保慈母居中服之可知
也言君之庶子内有慈母又大夫公子適妻子爲慈母小功
則大夫公子之庶子無三母也但有慈母如母也○注據國
至公也○正義曰前經指國君之子此經引魯昭公故云據
國君也是國君與其子同也云謂之慈母固爲其善者内則
既云擇於諸母寛裕慈惠溫良者以爲子師其次爲慈母此
云慈母良固當是性行善者云國君之妾子於禮不服也者
以喪服公子爲其母練冠麻衣故云於禮不服親母尚不服
庶母不服可知若父卒得爲已母大功也云昭公年三十乃
喪齊歸者按襄三十一年襄公薨左傳云昭公十九猶有童
心是即位時年十九也昭公十一年其母齊歸薨而無慼容
是年三十非少孤也按家語云孝公有慈母良今鄭云未知
何公者鄭不見家語故也或家語王肅所足故鄭不見也○
注公之至其母○正義曰公之言又非者以上云公弗忍欲
喪慈母既爲非今公言古者天子練冠以燕居是公言又非
也云天子練冠以燕居蓋謂庶子王爲其母者按鄭注服問
云庶子爲後爲其母緦春秋有以小君服之者故春秋母以
子貴其服皆伸而天子服練冠者皇氏云若適小君没則得

伸若小君猶在則其母厭屈故練冠也所以不同大夫士爲後著緦服必練冠者以大夫士爲母本應三年以爲後壓屈故降服緦麻王侯庶子爲母本練冠故今應練冠此乃異代之法按喪服緦麻章云庶子爲後爲其母緦鄭注服問云庶子爲後爲其母緦則是周法天子諸侯大夫士一也凡言古者皆據今而道前代此經既云古者天子爲其母則是前代可知也以經無明文故鄭注云蓋謂庶子上爲其母蓋是疑辭也○曾子問曰諸侯旅見天子入門不得終禮廢者幾旅衆○幾居豈反下同○孔子曰四請問之曰大廟火日食后之喪雨霑服失容則廢大廟始祖廟宗廟皆然主於始祖耳○霑竹廉反○如諸侯皆在而日食則從天子救日各以其方色與其兵示奉時事有所討也方色者東方衣青南方衣赤西方衣白北方衣黑兵未聞也○衣於既反大廟火則從天子救火不以方色與兵○曾子問曰

諸侯相見揖讓入門不得終禮廢者幾孔子曰六請問之曰天子崩大廟火日食后夫人之喪雨霑服失容則廢夫人君之夫人○曾子問曰天子嘗禘郊社五祀之祭簠簋既陳天子崩后之喪如之何孔子曰廢既陳謂夙興陳饌牲器時也天子七祀言五者關中言之○禘大計反簠音甫徐方于反又音蒲簋音軌饌仕戀反又仕轉反下同○曾子問曰當祭而日食大廟火其祭也如之何孔子曰接祭而已矣如牲至未殺則廢接祭而已不迎尸也【疏】曾子至則廢○正義曰此一節論行禮有故不得終之事各依文解之○注大廟至祖耳○正義曰公羊傳云周公稱太廟魯之始祖也明諸國皆然餘廟有火亦廢朝故云宗廟皆然特云大廟火是主於始祖而言耳○注示奉至聞也○正義曰示奉時事解各

以其方色有所討解與其兵也故諸侯皆在京師者則從天
子救日爲陰侵陽是君弱臣强之象方色者東方衣青南方
衣赤西方衣白北方衣黑兵未聞者隱義云東方用戟南方
用矛西方用弩北方用楯中央用鼓所以有所討者以日食
陰侵陽示欲助天子討陰也亦備非常以彼非正經故不取
也穀梁云天子救日置五麾陳五兵五鼓諸侯置三麾陳三
鼓三兵大夫擊門士擊柝言充○其陽也范甯云凡聲陽也擊
鼓爲聲所以助陽壓陰也春秋傳曰日有食之天子伐鼓於
社責上公也諸侯伐鼓於朝退自責也夏書曰辰不集于房
瞽奏鼓嗇夫馳庶人走孔傳曰辰日月所會集合也房日月
所舍而不合其所舍食可知也○馳走者救日之備也奏猶擊
也周禮有救日之弓但不知兵之細別故云未聞○大廟火
則從天子救火不以方色與兵者以日食是陰之災故象五
方之色以兵討陰救火無此義故不用五方色及兵也○注
夫人君之夫人○正義曰此經曰后夫人之喪恐是天子之
三夫人故云天○子○之夫人此大廟火者亦謂君之大廟非天
子大廟也知非者既云揖讓入門無容天子大廟之火赴告
即至故知非王之大廟假令在後堂朝方聞火時過已久又
不可廢朝故知非王之大廟也○注既陳至言之○正義曰
知既陳謂夙興陳饌牲器時也者以下文云當祭而日食則

此簠簋既陳不當祭也既不當祭時明是祭前陳饌牲器也前文云天子崩后之喪與日食大廟火其禮皆同則此簠簋既陳日食大廟火亦同也故下云如牲至未殺則廢是也牲至已殺則行接祭其天子崩后之喪牲入雖殺不可行此接祭以其喪事重故也云天子七祀言五者關中言之者鄭此注以周禮言之祭法周天子七祀諸侯五祀大夫三祀五居其中言是諸侯之法舉五而言則上兼七下通三欲見天子及大夫其祭皆然故云關中言之關通也謂通取中央而言之經云嘗禘者謂宗廟之祭也郊社謂天地之祭舉天地宗廟則五祀以上之祭皆在其中孔子曰接祭而已矣者○謂牲至之後則接祭之也接捷也捷速也速而祭之○注接祭而已不迎尸也○正義曰經云如牲至未殺則廢此云接祭則牲至已殺之後也按郊特牲云既灌然後迎牲則迎尸於奧在○未殺牲之前此經殺牲後云不迎尸者凡迎尸之禮其節有二一是祭初迎尸於奧而行灌禮灌畢而後出迎牲於時延尸於戶外殺牲薦血毛行朝踐之禮設腥爓之俎於尸前是一也然後退而合亨更迎尸入坐於奧行饋孰之禮是二也此云不迎牲者直於堂上行朝踐禮畢則止不更迎尸而入此謂宗廟之祭郊社之祭無文不迎尸亦謂此時也熊氏云郊社五祀祭初未迎尸之前已殺牲也以其無灌故也故

大宰云祀五帝納享。注云納享謂祭之時又中霤禮皆爲祭奠於主乃始迎尸是郊及五祀殺牲在迎尸之前也則此不迎尸亦得爲祭

初不迎尸也

附釋音禮記注疏卷第十八

嘉慶二十年南昌重栞
宋本十三經注疏附校勘記

江西南昌府學栞

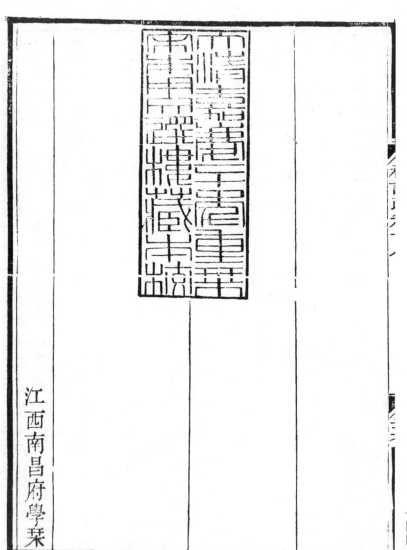

禮記注疏卷十八挍勘記　阮元撰盧宣旬摘錄

附釋音禮記注疏卷第十八　惠棟挍宋本禮記正義卷第二十六

曾子問第七　此本第七二字脫各本有

曾子問曰君薨而世子生節

命毋哭　閩監本同石經同岳本同衛氏集說同毛本毋誤母嘉靖本同

几筵於殯東　閩監毛本同岳本同衛氏集說嘉靖本殯誤賓

明卿大夫等不裸冕也　閩監毛本同惠棟挍宋本夫下有士字

於西階南注　閩本同惠棟挍宋本同監毛本注作○

丈夫即位于門外　惠棟挍宋本同閩監毛本丈誤大

若君喪大斂　閩本同惠棟挍宋本同監毛本喪誤哭

衮衣者裨之上也　惠棟挍宋本同閩監毛本也誤者

謂噫歆之聲三所出警神也　閩監毛本同浦鏜挍出改以

升奠幣于殯東几上哭降者　閩監本東誤事毛本几誤凡

父兄堂下北面　閩監本同毛本北誤比

故先哭後奠　惠棟挍宋本作故此本故誤設閩監毛本同

所以小宰舉幣　閩本同監毛本以誤主

凡祭祀贊王幣爵之事　惠棟挍宋本作王此本王誤玉閩監毛本同○按作王是也詳周禮挍勘記

三日衆主人節

宰宗人詔贊君事者　閩監毛本作詔岳本同嘉靖本同此本詔誤語衞氏集說詔字無通典六

十八亦作宰宗人詔贊君事者

祝聲三曰　閩監毛本同岳本同嘉靖本同衛氏集說同石經同考文引宋板古本足利本曰上有告字通典引無告字

正義曰此一節　惠棟挍宋本如此此本此上衍云字閩監毛本同

此大宰大宗等　閩監本同考文引宋板同毛本誤倒作大宗大宰

明其時當在堂　毛本同閩監本明誤名

於時大宰大宗　閩監本同考文引宋板同毛本時作是

祝在子之西而北面當殯之東南　閩監本同衛氏集說同毛本而北二字誤倒

若其須詔相之時　閩監本同毛本詔誤召考文引宋板亦作詔

前告主哀甚　閩監毛本同考文引宋板主作生○按鄭指前某之子生敢告是也

故亦視宰宗人在堂上皆曰哭　閩監毛本皆曰作北面此本誤也

曾子問曰如已葬而世子生節

告生也　閩監毛本同岳本同嘉靖本同衛氏集説同考文引古本生作主據正義當作主

以交神明葬竟又服受服　惠棟挍宋本作明衛氏集説同此本明誤用閩監毛本同

喪之大節更畢　閩監本節更作事便毛本節作事更字同衛氏集説節更作事既

亦無復有此事　按此字衍文

則攝主不復與羣臣列位西階下　惠棟挍宋本作復此本復誤服閩監毛本同衛氏集説同

不云束帛者　閩監本作束考文引宋板同此本束誤執毛本同

葬後神事之 閩監本同衛氏集說同此本神事二字倒毛本同

三日不見也 惠棟挍宋本作日此本曰誤月閩監毛本同

其成服衰經 閩監毛本如此此本成字闕

故三日因名之 閩監毛本同惠棟挍宋本之下有也字

孔子曰諸侯適天子節

聘禮曰出祖釋軷 閩監毛本有曰字岳本同嘉靖本同衛氏集說同此本曰字脫

論諸侯朝覲天子將出之禮 閩監毛本有覲字衛氏集說同此本覲字脫

喪禮有毀宗躐行 閩監毛本如此此本毀字闕宗誤注

燔烈其肉爲尸羞 監毛本作燔此本燔誤燔閩本誤燔

故犬人云 閩監本同毛本犬誤大

既行祭軷竟　閩監毛本如此此本軷字闕

駁下祀　監本誤祀惠棟挍宋本祀作祝與周禮合

及登酌僕　閩監毛本作酌此本酌字闕閩監本登字同考文引宋板亦作登毛本登字作祭依周禮改

祭軓乃飲　惠棟挍宋本作軓此本軓誤議閩監毛本軓誤軹

軓謂車軾前是也　閩監本同毛本軓誤軌又閩監毛本作軾此本軾誤軓

義或然也壇名山　閩監毛本如此此本或山二字闕

此義爲勝也　閩監毛本如此此本此誤注勝誤新

理不客殊　閩監本同惠棟挍宋本客作容毛本同理作禮

曾子問曰並有喪節

遂脩葬事閩監本同岳本同衛氏集說同毛本脩作修嘉靖本同石經同

其虞也先重而後輕閩監本同石經同嘉靖本同岳本同衛氏集說同考文引宋板古本足利本同毛本虞誤處

先葬母之時惠棟挍宋本作葬此本葬誤喪閩監毛本同衛氏集說亦作先葬母

不於殯宮爲父設奠閩監本同衛氏集說同毛本設誤喪

不朝夕更改新奠閩監本同衛氏集說同毛本朝夕作哀次

孝子悲哀閩監本作悲衛氏集說同考文引宋板同此本悲字闕毛本悲誤告

故行葬母之時出門外惠棟挍宋本如此此本出字闕外字脫閩監毛本外字亦脫又毛本外誤行

曾子問曰將冠子節

徹饌而埽毛本同石經同岳本同嘉靖本同衛氏集說同閩監本埽誤歸釋文出徹饌埽

令使清絜更新閩監本同毛本亦作令絜作潔衛氏集說同惠棟按宋本令作今

又釋父沒加冠之禮閩監本作加毛本加誤既此本加字闕

醴子之後始醴賓閩監本作之考文引宋板同此本之字闕毛本之誤者

廢謂子身冠廢惠棟按宋板作廢閩監毛本廢誤發此本闕

雖適子與庶子同用醮惠棟按宋本作同此本同誤可閩監毛本同

雖在周前因而用也惠棟按宋本作因續通解同此本因誤同閩監毛本同

曾子問曰祭如之何節

尸既席坐閩監本同毛本既作卽○按作即與特牲饋食禮合

尸以酢主人按儀禮酢作醋注云醋報也古文醋作酢是經文作醋不作酢也下同

北面酬賔酬賔訖閩監毛本同惠棟按宋本酬賔二字不重

曾子問曰大功之喪節惠棟按云曾子問曰相識有喪服以下宋本另爲一節按

此本以下者曾子問曰上有○閩監毛本無

士則朋友奠閩監毛本同石經同岳本同嘉靖本同衛氏集說同釋文出士則朋友云一本作士則朋友奠

正義有奠字

非月半之殷奠也考文引宋板同閩監毛本月半二字倒

曾子問曰廢喪服節

爲其忘哀疾也閩監毛本同岳本同嘉靖本同衛氏集說同續通解疾作戚

曾子至可也惠棟按宋本無此五字

不得即與他人饋奠之事惠棟按宋本有即字衛氏集說同此本即字脫閩監毛本

同

曾子問曰昏禮既納幣節

女氏許諾而弗敢嫁　閩本同惠棟挍宋本同石經同岳本同嘉靖本同衛氏集説同監毛本弗誤不石經考文提要云宋大字本宋本九經南宋巾箱本余仁仲本劉叔剛本三禮攷注九經誤字皆作弗

謂若彼家死者之身　惠棟挍宋本作若此本若誤名閩監毛本同

來迎曾公之女而爲婦　惠棟挍宋本作婦此本婦誤歸閩監毛本同

此家父不在　閩本同惠棟挍宋本在作存監毛本在誤亡

亦以彼初葬訖　閩本同惠棟挍宋本同監毛本彼作被

女在塗節

喪服期云女子子在室爲父箭笄　閩監本同毛本期誤記父下衍母字

孔子曰男不入節

重世變也 閩本同惠棟挍宋本同岳本同嘉靖本同衛氏集說同監毛本世誤時

改其親迎之服 監毛本作迎衛氏集說同此本迎誤近閩本同

三月而廟見節

婦有供養之禮 閩監毛本同岳本同嘉靖本同釋文同惠棟挍宋本供作共宋監本亦作共衛氏集說同

歸菲于女氏之黨 閩監本同石經同岳本同嘉靖本同衛氏集說同毛本于誤於

取女有吉日而女死如之何 閩監毛本同石經同岳本同嘉靖本同衛氏集說同考文引宋板古本足利本如上有則字

正義曰此謂舅姑亡者 惠棟挍宋本無正義曰三字

至三月乃奠菜於舅姑之廟 惠棟按宋本同閩監毛本至字脫

將反葬於女氏之黨 閩監本同衛氏集說同考文引宋板同毛本反誤及

壻於女未有期之恩 閩監本同毛本於誤以考文引宋板亦作於

曾子問曰喪有二孤節

及反藏諸祖廟 惠棟按宋本作藏宋監本同石經同岳本同衛氏集說同考文引古本足利本同此本藏誤葬閩監毛本同嘉靖本同石經考文提要云宋大字本劉叔剛本至善堂九經本皆作藏

舉兵爲南伐楚 按爲當作謂

此孔子荅曾子之時 閩監毛本此作以

行之以以否 補案兩以字誤重

畏季子之威 閩監毛本同考文引宋板季作康衛氏集說亦作畏康子

曾子問曰古者師行節

齊車金路閩監本同岳本同嘉靖本同衛氏集說同毛本
路作輅按釋文云齊車祭祀所乘金輅也毛本
依釋文改○按作路是也輅者車之一名耳

蹕止行也閩監毛本同嘉靖本同衛氏集說同惠棟挍宋
本也作者岳本同考文引古本同足利本作者
也

告于祖禰閩監本同石經同岳本同嘉靖本同衛氏集說同
毛本于誤於下載于齊車同

曾子至命也惠棟挍宋本無此五字

陳國苦縣賴鄉曲仁里也閩監毛本同浦鏜挍云里下
脫人字

此實凶事而云象者惠棟挍宋本有者字此本者字脫
閩監毛本同

若王入大祖廟中閩監毛本同衛氏集說王作主

似壓於尊者也閩監毛本同衞氏集說似作以

即埋之兩階之間閩監毛本同惠棟挍宋本無下之字

若將所告遠祖幣玉行者惠棟挍宋本作若衞氏集說同此本若誤告閩監毛本同

不陳幣玉也惠棟挍宋本同衞氏集說同監本玉誤王毛本玉字闕

子游問曰喪慈母節

猶無戚容閩監本同衞氏集說同考文引宋板古本同毛本猶作又岳本亦作猶戚作慼嘉靖本同考文引足利本同○按依說文當作慽从小戚聲戚爲慽之假借字也

大夫以下所使妾無子者閩監本同惠棟挍宋本所上有父字毛本同

故知此慈母如母惠棟挍宋本作知此本知誤乃閩監毛本同

得爲巳母大功也閩監毛本同惠棟挍宋本巳作己是也

則其母厥屈　閩監毛本厥作壓衛氏集說同

故今還練冠　惠棟挍宋本作還此本還誤應閩監毛本同衛氏集說同

蓋謂庶子上爲其母　閩監本同毛本上作王

曾子問曰諸侯旅見天子節

旣陳謂夙興　閩監本同岳本同嘉靖本同衛氏集說同考文引宋板同毛本陳誤成

曾子至則廢　惠棟挍宋本無此五字

言充其陽也　惠棟挍宋本作充此本充字闕閩監毛本充作助衛氏集說同浦鏜挍云穀粱傳作充

食可知也　惠棟挍宋本作也此本也字闕閩監毛本也作矣

馳走者救日之備也　惠棟挍宋本作日此本日誤者閩監毛本同

此經曰后夫人之喪　閩監毛本同惠棟挍宋本曰作云

故云天子之夫人　監毛本作君之夫人惠棟挍宋本同此本君作天子非也天子閩本亦誤

假令在後堂朝　閩監毛本同考文引宋板堂作當

在未殺牲之前　惠棟挍宋本作在衞氏集說同此本在字闕閩監毛本在作是

更迎尸入坐於奥　惠棟挍宋本作更衞氏集說同此本更字闕閩監毛本更誤及

祀五帝納亨　惠棟挍宋本作亨衞氏集說同此本亨誤享閩監毛本同下納亨同

附釋音禮記注疏卷第十八終　惠棟挍宋本禮記正義卷第二十六終記云凡三十三頁

禮記注疏卷十八挍勘記

附釋音禮記注疏卷第十九

禮記　鄭氏注　孔穎達疏

曾子問

天子崩未殯五祀之祭不行既殯而祭其祭也尸入三飯不侑酳不酢而已矣自啓至于反哭五祀之祭不行已葬而祭祝畢獻而已既葬彌吉畢獻。祝而後止郊社亦然惟嘗禘宗廟俟吉也。○飯扶晚反下同不侑音又絶句下皆放此酳音胤又仕覲反酢才各反○曾子問曰諸侯之祭社稷俎豆既陳聞天子崩后之喪君薨夫人之喪如之何孔子曰廢亦謂夙興陳饌牲器時也自薨比至于殯自啓至于反

哭奉帥天子帥循也所奉循如天子者謂五祀之祭也社稷亦然○比必利反、

〔疏〕天子至天。子。○正義曰天子諸侯祭禮既亡今儀禮唯有大夫士祭禮以言之按特牲饋食禮祝延尸于奥迎尸而入即延坐三飯告飽祝侑尸尸又飯至於九飯畢若大夫依少牢饋食尸食十一飯而畢鄭注少牢云士九飯大夫十一飯也則其餘有十三飯十五飯也按此說則諸侯十三飯天子十五飯又按特牲禮尸九飯畢主人酌酒酳尸尸飲卒爵酢主人主人受酢飲畢酌獻祝祝飲畢主人又酌獻佐食此是士之祭禮也今約此而說天子五祀之祭也○天子崩未殯五祀之祭不行者○以初崩哀感未遑祭祀雖當五祀祭時不得行既殯而祭者但五祀外神不可以已私喪久廢其祭故既殯哀情稍殺而後祭也○其祭也尸入三飯不侑酳不酢而已矣者今喪既殯不得純如吉禮理須宜降殺侑勸也故迎尸入奥之後尸三飯告飽則止祝更不勸侑其食使滿常數也又熊氏云三飯不。酳不酢而已矣謂迎尸入奥之後尸三飯即止祝不勸侑至十五飯於時冢宰攝主酌酒酳尸尸受卒爵不酢攝主故云三飯不侑酳不酢而已者謂唯行此而已不爲在後餘事也○自啓至于反哭五祀之祭不行者○謂欲葬之時從啓殯以後葬畢反哭以前靈柩既見哀摧更甚

故云五祀之祭不行已葬而祭祝畢獻而已已葬而祭者謂
已葬反哭殯宮畢而行其祭但既葬彌吉尸入三飯之後祝
乃侑尸尸食十五飯攝主酳尸尸飲卒爵而酢攝主攝主飲
畢酌而獻祝祝受飲畢則止無獻佐食以下之事所以然者
以葬後未甚吉唯行此禮而已而已是語辭也皇氏云已止
也○注既葬至吉也○正義曰經云祝畢獻止謂祝受獻祭
禮遂畢止不獻佐食以下云郊社亦然者王制云天地社稷
爲越紼而行事是與五祀同也趙商問云自啓至反哭五祀
之祭不行注云郊社亦然者按王制云唯天地社稷爲越紼
而行事何趙商之意葬時郊社之祭不行何得有越紼而行
事鄭荅越紼行事喪無事時天地郊社有常日自啓及至反
哭自當辟之鄭言無事者謂未殯以前是有事既殯以後未
啓以前是無事得行祭禮故有越紼行事鄭云郊社有常日
自啓至反哭自當辟之者郊社既有常日自啓反哭當辟此
郊社之日郊社尊故辟其日不使相妨五祀既畢若與啓反
哭日相逢則五祀辟其日也鄭言天地社稷去殯處遠祭時
踰越此紼而往赴之五祀去殯處近暫往則還故不爲越紼
也云唯嘗禘宗廟俟吉也者謂爲嘗禘之禮以祭宗廟俟待
於吉故王制云喪三年不祭是也其在喪祭郊社之時其喪
所朝夕仍奠知者雜記云國禁哭則止朝夕之奠即位自因

也人臣尚爾明天子得也。注帥循至亦然。正義曰帥循也此釋詁文以經云奉循天子按上天子有祭五祀之文今云奉循如天子謂諸侯五祀亦如天子故云謂五祀之祭是諸侯五祀如天子五祀也今此諸侯祭社稷其遭喪節制與五祀同故云社稷亦然按天子崩后喪諸侯當奔赴得奉循天子之禮者諸侯或不自親奔而身在國者或唯據君薨及夫人之喪其嗣子所祭得奉循天子者也○曾子問曰大夫之祭鼎俎既陳籩豆既設不得成禮廢者幾孔子曰九請問之曰天子崩后之喪君薨夫人之喪君之大廟火日食三年之喪齊衰大功皆廢外喪自齊衰以下行也齊衰異門則祭其齊衰之祭也尸入三飯不侑酳不酢而已矣大功酢而已矣小功緦室中之事而已矣室中之事謂賓長獻。長知丈反下文誄長同。士

之所以異者緦不祭然則士不得成禮者十一所祭於死者

無服則祭謂若舅舅之子從母昆弟疏曾子至行也○正義曰不直云大功以上皆廢而歷序三年之喪齊衰大功者以曾子問廢者有幾孔子對云廢者有九遂歷序九種之事一一備言此大夫祭者謂祭宗廟故下文云所祭於死者無服則祭是據宗廟也○注齊衰異門則祭○正義曰今遭異門其齊衰之喪祭也○尸入三飯不侑酳不酢而已矣○若遭異門齊衰之喪其祭迎尸入室但三飯則止祝更不勸侑使至十一但三飯耳則主人酌酒酳尸尸不酢主人唯此而已○大功酢而已矣○大功服輕祭禮稍備尸三飯祝侑至十一飯而止主人酌酒酳尸尸酢主人主人乃停故云大功酢而已矣○小功緦室中之事而已矣○小功與緦麻其服轉輕祭禮轉備其祭尸○十一飯訖主人酳尸尸卒爵酢主人主人獻祝及佐食畢次主婦獻尸尸酢主婦主婦又獻祝及佐食次賓長獻尸○若平常之祭尸得賓長獻爵則止不舉待致爵之後尸乃舉爵今既喪殺賓長獻尸尸飲以酢賓賓又獻祝及佐食而祭畢止凡尸在室之奧祝在室中北廂南面佐食在室中戶西北面但主人主婦及賓獻尸及祝佐食等三人畢則止故云室中之事

而已矣若致爵之時主婦在房中南面主人獻賓堂上北面皆不在室中其室中者獻尸祝佐食耳故此注云室中之事謂賓長獻此小功緦麻兼内外知者以前文云内喪大功以上廢則知内喪小功以下不廢也按雜記云臣妾死於宫中三月而後祭之此内喪緦麻不廢祭者此謂鼎俎既陳臨祭之時故不廢也若不當祭時有臣妾死於宫中及大夫爲貴妾緦庶子爲父後者爲其母緦之屬皆不祭○士之所以異者緦不祭○孔子見曾參歷問至大夫必應及士故因廣舉士以語之大夫唯至大功爲九而士又加緦小功二等合爲十一此亦謂祭宗廟鼎俎既陳而值喪也大夫祭值緦小功不辨内外皆不廢祭而禮則小異耳士值緦小功不辨外内一切皆廢祭士輕故爲輕親伸情也○所祭於死者無服則祭所祭謂士祭祖禰而死者已雖爲緦祖禰於死者無服鼎俎既陳則亦祭也○注謂若至昆弟○正義曰此等於已雖服緦而於祖禰則無服然此皆母親而得云無服者祭祀以祖禰爲主母親於已服緦於祖禰無服然此皆母親以父爲主也其從母父雖無服已爲小功熊氏云亦廢祭也皇氏云以從母於父無服不廢祭也按經云緦不祭所祭於死者無服則祭據緦爲文似不關小功故鄭以緦服解之皇氏横加小功其義非也○曾子問曰三年

之喪弔乎孔子曰三年之喪練不羣立不旅
行爲其苟語忘哀也○爲于僞反下爲彼爲親妻爲婦爲爲已病皆同君子禮以飾情
三年之喪而弔哭不亦虛乎爲彼哀則不專於親也爲親哀則是妄弔
【疏】曾子至虛乎○正義曰此一節論身有重服不得弔人之事○君子禮以飾情凡行吉凶之禮必使外內相副用外之物以飾內情故云衰以飾在內之情故冠冕文彩以飾至敬之情麤衰以飾哀痛之情所以三年問云衰服爲至痛飾也故云君子禮以飾情也○三年之喪而弔哭不亦虛乎者若身有重服而弔他人則非飾情所以爲虛也言虛者弔與服並虛也何者若已有喪弔彼而哭哀彼則忘已本哀是已服爲虛也若心存於已哀忘彼而哭彼則是於弔爲虛也故注云爲彼哀則不專於親也爲親哀則是妄弔
曾子問曰大夫士有私
喪可以除之矣而有君服焉其除之也如之
何孔子曰有君喪服於身不敢私服又何除

焉重踰輕也私喪家之喪也喪服四制曰門外之治義斷恩○治直吏反斷丁亂反於是乎

有過時而弗除也君之喪服除而后殷祭禮

也謂主人也支子則否○除如字徐直慮反【疏】曾子至禮也○正義曰此一節論臣有君親之喪當隆於

君之事各依文解之○孔子曰有君喪服於身不敢私服又何除焉者荅以重踰輕也門外之治義斷恩若身有君服後遭親喪則不敢爲親制服也又何除焉者謂成喪服爲重始除服爲輕未在親始重之日尚不獲伸況輕末之時而可行乎故云又何除焉君之喪服除而后殷祭禮也者殷祭謂小大二祥祭也以其禮大故曰殷也言初乃爲身有君服不敢爲親私除若君服除後乃可爲親行私喪二祥之祭以伸孝心也故盧氏云殷祭盛也君服除乃行釋私服之禮庾蔚云今月除君服明月可小祥又明月可大祥猶若久喪不葬者也若未有君服之前私服已小祥者除君服後但大祥而可已有君服之時已私服或未小祥是以揔謂之殷祭而不得云再祭殷大也小大二祥變除之大祭故謂之殷祭也禘祫者祭之大故亦謂之殷祭但此論大夫士則不應有禘祫此殷是釋除之祭也有殷事則之君所鄭以爲朔月月半薦新

之奠此又比朝夕爲大也各有所指不嫌殷名同也○注謂主人也支子則否○正義曰主人謂適子仕官者適子主祭祀故二祥待除君服而後行也若支子仕官雖不得除私服而其家適子已行祥祭庶子於後無所復追祭故云否也

○曾子曰父母之喪弗除可乎以其有終身之憂【疏】曾子至可乎○正義曰曾子又疑云聖人制變受之期情禮之殺使送死有已復生有節是不許人子有不除之喪若適子除君服後乃有殷祭之事如喪久不葬者此則可解若庶子除君服後無復殷祭之事便是其爲父母之服一生不有除說之事此於禮許得可乎**孔子曰先王制禮過時弗舉禮也非弗能勿除也患其過於制也故君子過時不祭禮也**言制禮以爲民中過其時則不成禮○中如字又丁仲反【疏】孔子至禮也○據制以荅此所以不除意也孔子言先王制禮各有時節若過則不追舉是禮之意也○非弗至制也○勿猶不也言今日不追除服者非是不能除改也爲此不除正是患其過於聖人之禮制也○故君子過時不祭禮也○又引君子過時不舉

之事以證之過時不祭謂春雨露既濡君子履之怵惕思親思親故設祭若春時或有事故不得行祭至夏乃行夏祭不復追補春祭是過時不祭以爲禮也若過時不祭如適子仕者除君服後猶得行殷祭其四時之祭過時所以不追者假令春夏祭本爲感春夏而祭至秋非時故不追也且今年春夏雖過時至明年會應復有春夏故當時則祭過時不補前祭祥非爲感時正是孝子爲存親存親則前後無異故除君服已伸孝心也

○曾子問曰君薨既殯而臣有父母之喪則如之何孔子曰歸居于家有殷事則之君所朝夕否居家者因其哀後隆於父母殷事朔月月半薦新之奠也

〔疏〕孔子至夕否○殷大也孔子荅云君殯既訖君所無事父母新喪故歸於家以治父母之喪若君喪有朔月月半薦新大事則臣之適君所以哭君若凡常朝夕則不往哭君唯在家爲父母治喪故云朝夕否若臣有父母之喪既殯而後有君喪則歸君所若父母之喪有殷事之時則來歸家平常朝夕則不來恒在君處○注居家至父母○正義曰君薨既殯是君喪在前殯後親死是父母喪在後親喪痛甚恒居於家是隆於父母也

曰君既啓而臣有父母之喪則如之何孔子曰歸哭而反送君言送君則既葬而歸也歸哭者服君服而歸不敢私服也【疏】曰君至送君○正義曰曾子上問既殯今問既啓故云君既啓而臣有父母之喪則如之何孔子荅曰歸哭父母而反往送君既葬畢還來歸家而治父母之喪以此言之父母之喪既啓而有君之喪則亦往哭於君所而反送父母父母葬畢而居君所○注言送至服也○正義曰知既葬而歸者以言送君則葬罷而歸則不待君之虞祭也其君喪祔與卒哭未知臣往君所與否云歸哭者服君服而歸不敢私服也者謂歸哭父母猶服君服不私服也知不私服者上文云有君喪服於身不敢私服故知不私服也曰君未殯而臣有父母之喪則如之何孔子曰歸殯反于君所有殷事則歸朝夕否其哀雜主於君大夫室老行事士則子孫行事大夫士其在君所之時則攝其事大夫内子有殷事亦之君所朝

夕否謂夫之君既殯而有舅姑之喪者內子大夫妻也妻爲夫之君如婦爲舅姑服齊衰。適丁歷反

〔疏〕曰君至夕否○正義曰前問君既殯及既啓而有父母之喪今問君未殯而臣有父母之喪如之何孔子荅曰歸殯父母訖反于君所以殯君恒在君所家有殷事之時則暫歸於家若尋常朝夕則不得歸也故云朝夕否盧氏云歸殯反于君所者人君五日而殯故可以歸殯父母而往殯君也若其臨君之殯日盧云歸哭父母而來殯君則殯君訖乃還殯父母也以此言之臣有父母之喪未殯而有君喪去君殯日雖遠祇得待殯君訖而還殯父母以其君尊故也○注其哀雜主於君○正義曰以君未殯則君哀重而父母又喪是親哀亦重君與親哀既半相雜君爲尊故主意於君故尋常恒在君所○大夫至行事○以大夫士有殷事在君所之時則在家之朝夕之奠有闕若朝夕恒在君所之時則在家朝夕之奠亦闕奠不可廢其大夫尊故遣室老攝行其事士卑則子孫攝行其事○注云大夫至其事○正義曰大夫內子有殷事亦之君所朝夕否上文明大夫禮節此明婦人之進止君既殯而婦有舅姑之喪大夫者卿之摠號內子者卿之適妻以前問君薨既殯有父母之喪此明君既殯後而婦有舅姑之喪歸居於家君有殷事之時亦之君所云亦者謂亦同其夫

也非但夫往君所妻亦往君所也若尋常朝夕則不往君所
舉此一條婦同於夫則君既啓及君未殯而有舅姑之喪其
禮悉同夫也○注內子至齊衰○正義曰按僖二十四年左
傳云晉趙姬請以叔隗爲內子而已下之叔隗爲趙衰妻是
大夫適妻也若對而言之則卿妻曰內子大夫妻曰命婦若
散而言之則大夫是卿之揔號其妻亦揔名爲內子云妻爲
夫之君如婦爲舅姑服齊衰者此喪服文也

賤不誄貴幼不誄長禮也

誄累也累列生時行迹讀之以作諡諡當由尊者成

○誄力水反謂諡也行下孟反諡音示徐又以二反

唯天子稱天以誄之

以其無尊焉春秋公羊說以爲讀誄制諡於南郊若云受之於天然

諸侯相誄非禮也

禮當言誄於天子也天子乃使大史賜之諡○

疏 賤不至禮也○正義
曰此一節論諡由尊者出之事賤不誄貴誄累也謂賤不得
累列貴者之行而爲諡幼不得累列長者之行而作諡如此
是其禮也所以然者凡諡如此是其禮也所以然者凡諡表
其實行當由尊者所爲若使幼賤者爲之則各欲光揚在上
之美有乖實事故不爲也○雖天子稱天以誄之者諸侯及
大夫其上猶有尊者爲之作諡其天子則更無尊於天子者

故雖爲天子作謚之時於南郊告天示若有天命然不敢自專也○諸侯相誄非禮也者非但賤不誄貴平敵相誄亦爲不可故云諸侯相誄非禮也既賤不誄貴按襄十三年左傳楚子囊爲共王作謚者春秋亂世不能知禮此不言君臣兄弟而言貴賤長幼者廣包餘人非唯君臣兄弟而已○注以其至南郊○正義曰按鄭之時說公羊者而爲此言故白虎通云天子崩大臣之於南郊稱天以謚之者爲人臣子莫不欲褒大其君掩惡揚善故至南郊明不得欺天也○注禮當至之謚○正義曰按白虎通云君薨請謚世子赴告於天子天子唯遣大夫會葬而謚之又檀弓云公叔文子卒其子戍請謚於君曰日月有時將葬矣請所以易其名者大夫當請誄於君則諸侯理當言誄於天子云天子乃使大史賜之謚者按大史職云小喪賜謚鄭云小喪卿大夫也卿大夫言賜之謚明謚明諸侯之喪亦然○**曾子問曰**

君出疆以三年之戒以椑從君薨其入如之何其出有喪備疑喪入必異也戒猶備也謂衣衾也親身棺曰椑其餘可死乃具也○疆居良反椑薄歷反親身棺謂杝棺也**孔子曰共殯服**苴絰散帶垂殯時主人所服共

之以待其來也其餘殯事亦皆具焉○共殯音恭注同下必刃反苴絰七餘反下大結反散息但反**則子麻弁絰疏衰菲杖**棺柩未安不忍成服於外也麻弁絰者布弁而加環絰也布弁如爵弁而用布杖者爲已病○弁皮彥反柩其又反如爵如或作加誤也爲已音以**入自闕升自西階**闕謂毀宗也柩毀宗而入異於生也升自西階亦異生也所毀宗殯宮門西也於此正棺而服殯服既塗而成服殷柩出毀宗周柩入毀宗禮相變也**如小斂則子免而從柩**謂君已小斂也主人布深衣不括髮者行遠不可無飾○免音問**入自門升自阼階**親未在棺不忍異入使如生來反○

君大夫士一節也【疏】曾子至節也○正義曰此論諸侯出外死以喪歸之事○曾子問夫子云諸侯之君或出疆朝會其出之時以三年之戒以椑從戒備也謂以三年喪備衣衾之屬并以椑棺而從出既有備今其入也如之何○注其出至具也○正義曰按王制云絞紟衾冒死而后制此云戒備謂衣衾者熊氏云此言三年之戒謂衣衾之裁若其造作死後乃爲之○云親身棺曰椑按喪大記云大棺八寸屬六寸椑四寸從外嚮內親身也

檀弓注云椑堅著之言也謂椑雖親身天子椑內猶有水兕
諸侯○公椑內猶有兕諸侯以椑爲親身也云其餘可死乃具
也謂除椑之外大棺與屬若在家年老亦死前爲之今出疆
椑從年未老故大棺等死後乃具也○孔子曰共殯服者於
時大斂之後主人從柩而歸則其家豫共主人殯時所著之
服謂布深衣苴經散帶垂也於時主人從柩在路以棺柩未
安未忍成服於外唯著麻弁麻布也謂布弁布弁之上而加
環經○注此謂至具焉○正義曰知此謂大斂者以下文云
如小斂故知此謂已大斂也云殯服謂布深衣苴經散帶垂
按士喪禮云小斂苴經大鬲散帶垂又禮親始死布深衣至
成服以來其服不改故知殯服布深衣苴經散帶垂其首服
崔氏云小斂之前大夫士皆素冠小斂括髮之後士則加素
冠大夫加素弁云其餘殯事亦皆具焉以殯不可闕故知具
爲經特云共殯服者舉主人服爲重○則予麻弁經疏衰菲
杖○身著疏衰疏衰是齊衰也足著菲屨菲謂麤屨也其身
已病者柱杖故云疏衰菲杖也○注棺柩至已病○正義曰
按士喪禮云三日成服今君喪在外仍著麻弁疏衰故知不
忍成服於外也云麻弁經者布弁而加環經也者布弁謂吉
布十五升與子游麻衰及詩云麻衣如雪同知加環經者雜
記云小斂環經是也云布弁如爵弁而用布者按檀弓云周

人弁而葬殷人哻而葬哻是殷之祭冠明弁經似周之祭冠
故知爵弁也云杖者爲已病者以上喪禮服杖同時今服
未成而已杖故云爲已病也○入自闕升自西階謂柩入宫
之時毁殯宫門西邊牆從柩而入其升堂之時自西階而升
必西階者以柩從外來如似賓客故就西而升階就客位也
○注闕謂至變也○正義曰鄭恐是門闕故云毁宗也謂毁
此宗廟之牆其處空闕故謂之闕云柩毁宗而入異於生也
公羊定元年癸亥公之喪至自乾侯戊辰公即位正棺於兩
楹之間然後即位注云正棺者象既小斂夷於堂也於此之
時服殯服也云既塗而成服者謂菆塗既畢而成服也○云
殷柩出毁宗周柩入毁宗禮相變也檀弓云毁宗躐行殷道
也既云毁宗始云躐行是先毁宗後躐行也是從內而出故
云殷柩出毁宗如小斂則子免而從柩上之所言謂大斂之
後此所謂未大斂當小斂以後之節則子首不著麻弁身不
服疏衰唯首著免身著布深衣而從柩也○注謂君至無飾
正義曰按士喪禮從死至成服主人皆著深衣故知小斂主
人布深衣也士喪禮云小斂主人髻髮令著免者以在外遠
行不可無飾故著免也○入自門升自阼階○其柩入之時
人自門不自闕也升自阼階不由西階也故注云親未在棺
猶如生也○君大夫士一節也○言上來從柩之儀更無尊

卑之異非但君死於道路亦然諸侯與大夫士一等也。曾子問曰君之喪既引聞父母之喪如之何孔子曰遂既封而歸不俟子遂遂送君也封當爲窆子嗣君也引以刃反下皆同封音窆彼驗反。曾子問曰父母之喪既引及塗。聞君薨如之何孔子曰遂既封改服而往封亦當爲窆改服括髮徒跣布深衣扱上衽不以私喪包至尊。既封依注音窆彼驗反徐音徒扱初洽反衽而審反又而鴆反

【疏】曾子至而往⊙正義曰此一節論君葬在路遭父母喪或父母葬聞君喪之事。○注遂遂至君也○正義曰以經云遂既封而歸今君喪既引在塗而言遂故知遂送君也又云不俟子是不待子而先還若待封墳既畢必在子還之後今經云既封而歸非封墳也故知封當爲窆窆下棺也○注封亦至至尊○正義曰禮親始死笄纚小斂始括髮今臣聞君喪即括髮不笄纚者若尋常是吉今忽聞君喪故去冠而笄纚今臣有父母之喪葬在於塗首先服免忽聞君喪若著其笄纚則與尋常吉同以首不可無飾故括髮也知葬時著

免者以雜記云非從柩與反哭無免於堩故知葬時著免也

○**曾子問曰宗子爲士庶子爲大夫其祭也如之何孔子曰以上牲祭於宗子之家**貴祿重宗也上牲大夫少牢**祝曰孝子某爲介子某薦其常事**介副也不言庶使若可以祭然○祝皇之六反舊之又反下同爲于僞反下注爲有異居爲無曰同介音界副也下同○

【疏】曾子至常事○正義曰此一節論宗子祭用大夫牲之事以上至之家○上牲謂大夫少牢也宗子是士合用特牲今庶子身爲大夫若祭祖禰當用少牢之牲就宗子之家而祭也以廟在宗子家故也○注貴祿至少牢○正義曰用大夫之牲是貴祿也宗廟在宗子之家是重宗也此宗子謂小宗也若大宗子爲士得有祖禰二廟也若庶子是宗子親弟則與宗子同祖禰得以上牲於宗子之家而祭祖禰也但庶子爲大夫得祭曾祖廟已是庶子不合自立曾祖之廟崔氏云當寄曾祖廟於宗子之家亦得以上牲宗子爲祭也若已是宗子從父庶子兄弟父之適子則於其家自立禰廟其祖及曾祖亦於宗子之家寄立之亦以上牲宗子爲祭若已是宗

子從祖庶兄弟父祖之適則立祖禰廟於已家則亦寄立曾祖之廟於宗子之家已亦供上牲宗子爲祭此大夫者謂諸侯大夫故少牢知此是諸侯大夫者以下文云宗子有罪居于他國言他國則是據諸侯也以文相連接故知此大夫是諸侯大夫也○祝曰至常事○宗子祭時祝告神辭云孝子某孝子謂宗子也某是宗子之名介子某介子謂庶子爲大夫者介副也某是庶子名也薦其歲之常事告神止稱宗子其時庶子身在祭位必知庶子在者以經云祭於宗子之家是大夫就宗子家而祭也○注介副至祭然○正義曰上云庶子爲大夫此亦當云爲庶子某今云介子某者庶子卑賤之稱介是副二之義介副則可祭故云使若可以祭然故稱介子

若宗子有罪居于他國庶子爲大夫其祭也祝曰孝子某使介子某執其常事此之謂宗子攝大夫○其祭也本或此下有如之何三字非也攝主不厭祭不旅不假不綏祭不配皆辟正主厭厭飫神也厭有陰有陽迎尸之前祝酌奠奠之且饗是陰厭也尸謖之後徹薦俎敦設於西北隅是陽厭也此不厭者不陽厭也不旅不旅酬也假讀爲嘏

不嘏不嘏主人也不綏祭謂今主人也綏周禮作墮不配者祝辭不言以某妃配某氏○厭本或作壓於豔反注下皆同綏注作墮同許恚反徐又況垂反注同辟音避下同飫於去反謖色六反起也敦音對又東論反嘏古唯反○**布奠於賓賓奠而不舉**布奠謂主人酬賓奠觶於薦北賓奠謂取觶奠於薦南也此酬之始也奠之不舉止旅○觶之豉反字林音支**不歸肉**肉俎也謂與祭者留之共燕○歸如字徐其位反與音預**其辭於賓曰宗兄宗弟宗子在他國使某辭**辭猶告也宿賓之辭與宗子爲列則曰宗兄若宗弟昭穆異者曰宗子而已其辭若云宗兄某在他國使某執其常事使某告○其詞如字告也〔疏〕若宗至其辭○正義曰此一節下及注同昭穆常遥反下音木後放此以曾子前問宗子爲士庶子爲大夫孔子荅畢更爲曾子廣陳宗子有罪出居他國庶子爲大夫在家法其祭之禮按少牢饋食司宮筵于奧設饌畢祝酌奠于鉶南主人西面再拜稽首祝曰孝孫某敢用柔毛剛鬣嘉薦普淖用薦歲事于皇祖伯某以某妃配某氏尚饗此所謂配也今攝主則不配少牢又云祝出迎尸尸入即席坐而執祝前之觶而祝命尸挼○

尸取菹擩于醢祭于豆間及祭黍稷肺等是謂尸綏祭也尸
飯十一飯訖主人洗爵酳尸尸酢主人主人拜受爵上佐食
取黍稷肺授主人所謂綏祭也今攝主不綏祭少牢又云主
人左執爵祝與二佐食取黍以授尸尸執以命祝祝受以東
北面嘏于主人曰皇尸命工祝承致多福無疆于女孝孫所
謂嘏也今攝主則不嘏也按特牲主人受嘏之後獻祝及佐
食訖主婦獻尸及祝佐食訖乃賓長獻尸尸爵止未飲主人
主婦交相致爵訖尸乃飲止爵以酢賓賓飲訖賓獻祝及佐
食洗酌致于主人主婦訖主人獻賓賓酢主人主人又獻衆
賓訖尊兩壺于阼階東西方亦如之主人酌西方之尊以酬
賓主人尊爵于賓之薦北賓取爵東面奠于薦南所謂布奠
於賓也今攝主主人奠於薦北賓取奠于薦南而不舉也主
人獻長兄弟又獻衆兄弟訖長兄弟加爵於尸衆賓長又加
爵於尸訖嗣子舉奠舉奠訖賓坐取薦南之爵酬長兄弟長
兄弟酬衆賓衆賓酬衆兄弟所謂旅酬今攝主不旅酬也特
牲云旅酬之後無筭爵無筭爵之後祝告既成尸起主人降
佐食徹尸薦俎設於西北隅所謂陽厭今攝主不爲此陽厭
也○注此之至大夫○正義曰喪服小記士不攝大夫士攝
大夫唯宗子也○攝主不厭祭○正義曰此宗子有罪出在
他國庶子既爲攝主不敢備禮故於祭末不爲陽厭之祭也

所以不爲陽厭者陽是神之厭飫今攝主謙退似若神未厭飫然也○不旅者謂所將祭旅酬之時賓奠不舉不爲旅酬也旅酬是賓主交歡之始今攝主不敢當正主故不旅也○不嘏不綏祭者嘏是主人受福綏是將欲受福先爲綏祭今辟正主故不敢受嘏以其不嘏故不綏祭也○不配者以祭初尸未入之時祝告神辭曰以某妃配某氏備告考妣今攝主不敢備禮畧言皇祖而已此經所陳從祭末然後以次至祭初逆陳之必逆陳之者皇氏云以其攝主非正故逆陳以見義○注皆辟至某氏○正義曰以其無尸設饌欲神之歆饗而厭飫是也○云厭有陰有陽謂一祭之中有此兩厭下文有陰厭有陽厭是也○云迎尸至陰厭也約少牢特牲禮文祝酌奠者謂祝酌奠於鉶南且饗者祝奠訖且復以辭饗告神也是室奥陰靜之處故云陰厭尸謖之後佐食徹尸之薦俎設於西北隅得戶明白之處故曰陽厭今攝主不厭謂不陽厭也所以然者厭是厭飫凡厭是神之歆饗○云尸謖至陽厭也其上大夫當自賓尸故少牢禮無陽厭也下大夫不賓尸有陽厭也其天子諸侯明日乃爲繹祭亦有陽厭也故詩云相在爾室尚不愧于屋漏謂天子之禮天子既爾諸侯亦然此謂下大夫攝也禮有陽厭以其攝主故闕陽厭若上大夫本無陽厭可闕知此不厭者不陽厭此皆逆陳於祭

未者先言故知不陽厭也云假讀爲嘏至主人也以古旁之嘏是福慶之辭少牢云嘏于主人嘏宇古旁爲之祭禮雅主人受嘏故知不嘏不嘏主人也云不綏祭謂今主人者謂欲食之時先減黍稷牢肉而祭之於豆間故曰綏祭尸與主人俱有綏祭今攝主則不綏也所以然者凡將受福先爲綏祭今辟正主不敢受福故不綏也若綏少牢禮云祝出迎尸尸入即席坐而祝命尸綏祭尸取菹及黍稷肺祭于豆間是謂之綏祭綏是減毀之名尸與主人俱有綏祭也云今主人者謂今攝主人也云綏周禮作墮者以綏是綏安之義墮是減毀之名故從於周禮墮爲正守祧云既祭則藏其隋是也○云不配者至某氏○謂祝辭直言薦歲事於皇祖伯某不云以某妃配某氏某氏者其妃之姓也若云某妃姜氏子氏之類也○布奠至不舉○謂主人酬賓之時賓在西廂東面主人布此奠爵於賓之北○賓奠而不舉者賓坐取薦北之爵奠於薦南而不舉用以酬兄弟此則○不旅酬之事而更別言者以上文揔云祭祀是主人之事自此以下更別論賓禮有闕故重言之○注布奠至止旅○正義曰此皆特牲禮文云此酬之始也者按特牲禮云賓奠之後主人獻衆兄弟內兄弟訖乃行旅酬故云此酬之始也云奠之不舉止旅者謂止旅酬之事而不爲也○不歸肉者歸饋也謂不歸俎肉於賓

也○注肉俎至共燕○正義曰賓賓客正祭謂助祭之賓客各使歸俎今攝主不敢饋俎肉於賓故注云諸與祭者留之共燕○其辭至某辭○正義曰非但祭不備禮其將祭之初辭告於賓與常禮亦別云宗兄宗弟宗子在他國不得親祭故使某執其常事使某告也故云使某辭○注辭猶至之辭○正義曰云宿賓之辭按特牲云乃宿尸注云宿讀爲肅肅進也進者使知祭日當來下云宿賓故云宿賓之辭○云與宗子爲列至而已○若同列者云宗兄若宗弟其昭穆異者宗子雖祖父及子孫之行但謂之宗子故云而已

○曾子問曰宗子去在他國庶子無爵而居者可以祭乎孔子曰祭哉有子孫存不可以乏先祖之祀請問其祭如之何孔子曰望墓而爲壇以時祭不祭于廟無爵者賤遠辟正主○壇大丹反下注同注或作墠音善遠徐于萬反若宗子死告於墓而后祭於家言祭於家容無廟也宗子死稱名不言孝孝宗子之稱不敢與之同其辭但言子某薦其常事○稱尺證反身

沒而已至子可以稱孝子游之徒有庶子祭者以此以用也用此禮祭也若義也若順今之祭者不首其義故誣於祭也首本也誣猶妄也【疏】曾子至祭也○正義曰此一節論庶子代宗子祭之事各依文解之○曾子問至以宗乎○論曾子以孔子上文云宗子有罪居在他國庶子爲大夫得在本國攝祭未知庶子無爵在國居者可祭以否故問之○孔子曰祭哉者孔子既許其祭以無正文得祭故云祭哉哉者疑而量度之辭故注云有子孫存不可以乏先祖之祀○請問其祭如之何孔子曰望墓而爲壇以時祭者宗子雖有廟在宗子之家庶子無爵不得就宗子之廟而祭惟可望近所祭者之墓而爲壇以四時致祭也○注不祭至正主○正義曰所以不祭于宗子廟者以庶子無爵卑賤遠辟正主正主謂宗子也據鄭此言宗子去在他國謂有爵者若其無爵在家本自無廟何須云不祭廟辟正主也鄭必知是有爵者以經云宗子去在他國庶子無爵而居庶子云無爵明宗子是有爵此宗子去他國謂有罪者若其無罪則以廟從本國不得有廟故喪服小記注云宗子去國乃以廟從謂無罪也○若宗至於家○孔子上爲曾子說宗子

身在外此又說宗子身沒謂告於所祭之墓而后祭於庶子無爵者之家也注言祭於家容無廟也○正義曰從上以來雖據宗子有爵而言其廟在家今宗子既死庶子無所可辟當云告於墓而后祭於宗子之家今直云祭於家是祭於庶子之家是容宗子之家無廟故也宗子所以無廟者宗子無爵不合立廟或云祭於家者是祭於宗子之家容庶子之家無廟也庶子所以無廟者一是庶子無爵不合立廟二是宗子無罪居他國以廟從本家不復有廟故也○宗子死稱名不言孝○宗子既死庶子其祭之時告神但稱其名不得稱孝辟宗子也○注孝宗至常事○正義曰上文孝子某使介子某孝子是宗子之稱今直言名不言介若宗子在得言介子某今宗子既死身又無爵復稱名不得稱介故但言子某薦其常事身沒而已者其不稱孝者惟已身終沒而已至其子則稱孝也○注至子可以稱孝○正義曰以庶子合稱孝者庶子身死其子則是庶子適子祭庶子之時可以稱孝○子游之徒有庶子祭者以此○以其禮無正文故孔子引子游之徒黨有庶子祭者而用此禮而祭○若義也者若順也謂順於古義故云若義也○今之祭者不首其義故誣於祭也○注首本也誣猶妄也○正義曰謂今日世俗庶子祭者不尋本義之道理爲此祭故云誣於祭謂妄爲祭之法不依

典禮○曾子問曰祭必有尸乎言無益無用爲若厭祭亦可乎厭時無尸孔子曰祭成喪者必有尸尸必以孫孫幼則使人抱之無孫則取於同姓可也人以有子孫爲成人子不殤父義由此也祭殤必厭蓋弗成也厭飫而已不成其爲人祭成喪而無尸是殤之也與不成人同孔子曰有陰厭有陽厭言祭殤之禮有於陰厭之者有於陽厭之者曾子問曰殤不祔祭何謂陰厭陽厭祔當爲備聲之誤也言殤乃不成人祭之不備禮而云陰厭陽厭乎此失孔子指也祭成人始設奠於奧迎尸之前謂之陰厭尸謖之後改饌於西北隅謂之陽厭殤則不備○附依注音備本或作祔亦同奧於報反〔疏〕曾子至陽厭○正義曰此一節論祭有尸有陽厭陰厭之事各依文解之○祭必有尸乎曾子之意以祭神神本虛無無形無象何須以生人象之故云祭必有尸乎○注言無益無用爲○正義曰祭是祭神不

祭生人今祭生人無益死者故云無益云無用爲者無用爲此尸一解云無用爲者無用此之爲爲是助語○若厭祭亦可乎○若如厭祭之時亦應可乎謂祭初尸未入之前祭末尸既起之後並皆無尸直設饌食以厭飫鬼神如此之時其理○亦可○注云厭時無尸○孔子曰祭成喪者必有尸○孔子荅祭以成人之喪者必須有尸以成人之喪威儀具備必須有尸以象神之威儀也尸必以孫若其孫幼則使人抱之若無孫則取同姓昭穆孫行適者可也以其成人威儀既備有爲人父之道不可無尸○祭殤必厭蓋弗成也○年若幼在殤人道未備威儀簡畧不足可象不須立尸故祭殤必厭蓋弗成也者蓋以不成人故不立尸也今祭成人喪但厭飫而巳是將成人與殤同也○孔子曰有陰厭有陽厭○孔子荅問巳了更起別端辯祭殤之禮其處有異故記者又言孔子曰其祭殤有於陰厭者謂適殤也有於陽厭者謂庶殤也○曾子至陽厭○正義曰曾子既聞孔子云有陰厭有陽厭不解孔子之旨謂言祭殤始末一宗之中有此兩厭故問云祭成人之時有此二厭殤不祔祭祔備也謂祭殤簡畧何謂備有陰厭有陽厭也○注祔當至不備○正義曰知祔當爲備者按喪服小記云殤與無後者從祖祔食今云殤不祔祭與小記文乖故知祔當爲備備祔聲相近故云聲之誤也○云

言殤至陰厭約特牲少牢禮文當設饌於西南奧尸未入之前也云尸謖之後改饌於西北隅謂之陽厭者當祭末謖起也謂尸起之後也

孔子曰宗子爲殤而死庶子弗爲後也

族人以其倫代之明不序昭穆立之廟其祭之就其祖而巳代之者主其禮

〔疏〕孔子至後也正義曰孔子更爲辯云若宗子爲殤而死以其未成人庶子不得代爲之後○注族人至其禮○正義曰以經云庶子既不爲後宗子理不可闕明族人以其倫代之倫謂輩也謂與宗子昭穆同者則代之凡宗子爲殤而死庶子既不得爲後不以父服服之鄭注喪服云若與宗子期親者其長殤大功衰九月中殤大功衰七月下殤小功衰五月有大功之親者成人服之齊衰三月卒哭受以大功衰九月其長殤中殤大功衰五月下殤小功衰三月有小功之親者成人服之齊衰三月卒哭受以小功衰五月其殤與絕屬者同有緦麻之親者成人及殤皆與絕屬者同故喪服記云宗子孤爲殤而死者大功衰小功衰皆三月據與宗子小功以下及無服者長中殤則大功下殤則小功又云親則月算如邦人則鄭注是也此是族人以其倫代之者各以本服服之○云明不序昭穆立之廟以宗子殤死無爲人父之道故不序昭穆不得與代之者爲父

也云代之者主其禮者以宗子存時族人凡殤死者宗子主其祭祀今宗子殤死明代爲宗子者主其禮也此宗子是大宗族人但是宗子兄弟行無限親疏皆得代之。**其吉祭特牲**尊宗子從成人也凡殤則特豚自卒哭成事之後爲吉祭**祭殤不舉。無肵俎無玄酒不告利成**此其無尸及所降也其他如成人舉肺脊肵俎利成禮之施於尸者○肵音其又忌依反敬也**是謂陰厭**是宗子而殤祭之於奥之禮小宗爲殤其祭禮亦如之

【疏】其吉祭特牲○正義曰其卒哭成事之後祭之以特牲○注尊宗至吉祭○正義曰士祭成人特牲今宗子祭亦特牲故云尊宗子從成人之禮也云凡殤則特豚者以凡殤降宗子之殤故用特豚云自卒哭成事之後爲吉祭者檀弓云卒哭曰成事是日也以吉祭易喪祭熊氏云殤與無後者唯祔與除服二祭則止此言吉祭者唯據附與除服也庾云吉祭通四時常祭若如庾言殤與無後者之祭不知何時休止未有聞焉經云吉祭特牲則喪祭之時以其未成人降用特豚也○祭殤至利成○謂祭此殤時不舉肺以其無尸故不舉肺脊○無肵俎者肵是尸之所食歸餘之俎以其無尸故無肵俎○無玄酒者若祭成人則有玄酒重古

之義今祭殤既畧故無玄酒也不告利成者謂祭畢今既無
所可告故不告利成利猶養也不告供養之禮成也○注此
其至尸者○正義曰以經云不舉肺無肵俎不告利成此三
事本主於尸今以無尸故不爲故云此其無尸也玄酒之設
本不爲尸所有祭殤畧無玄酒是降也故云及所降也云舉
肺脊肵俎利成禮之施於尸者按特牲少牢尸將食舉肺脊
又云上佐食設肵俎初載心舌肵者敬也主人敬尸之俎又
云無筭爵祝東面告利成舉肺脊肵俎利成之禮並施於尸
也○是謂陰厭○此宗子殤死祭於祖廟之奧陰闇之處是
謂陰厭也○注是宗至如之○正義曰鄭既云小宗爲殤祭
禮如大宗者以前經云宗子爲殤而死不顯大小故知凡宗
子殤祭之禮皆然是以小宗爲殤祭禮亦如之必知此經指
大宗者以何休公羊注云小宗無子則絕大宗無子則不絕
重適之本上文庶子不爲後謂大宗子在殤而死不得爲後
若非殤則得爲後故知是大宗也凡宗子成人而死則得立
子孫爲後若立兄弟爲後則不可故成十五年公羊傳譏仲
嬰齊是公孫歸父之弟當云公孫嬰齊而云仲 凡殤與
嬰齊者爲歸父之後譏其亂昭穆故云仲是也
無後者祭於宗子之家當室之白尊于東房

是謂陽厭凡殤謂庶子之適也或昆弟之子或從父昆弟無後者如有昆弟及諸父此則今死者皆宗子大功之內親共祖禰者言祭於宗子之家者爲有異居之道也無廟者爲墠祭之親者共其牲物宗子皆主其禮當室之白尊於東房異於宗子之爲殤當室之白謂西北隅得戶明者也明者曰陽凡祖廟在小宗之家小宗祭之亦然宗子之適亦爲凡殤適此以往則不祭也祭適者天子下祭五諸侯下祭三大夫下祭二士以下祭子而止○適丁麻反下同如有昆弟一本作加有共其音恭

〔疏〕凡殤至陽厭○正義曰凡殤謂非宗子之殤故云凡殤無後者謂庶子之身無子孫爲後此二者皆宗子大功內親祭於宗子之家廟之內不敢在成人之處故於當室之明白顯露之處爲之祖設尊於東房以其明是陽故爲陽厭也○注凡殤至而止○正義曰謂庶子之適子爲殤而死此庶子之適一句與下文爲揔即是昆弟之子從父昆弟是也云或昆弟之子者謂宗子親昆弟所生之子是適其昆弟是庶子昆弟所生者是適故云庶子之適云或從父昆弟者亦謂宗子之從父兄弟宗子之父身是適諸父是庶諸父所生之適子亦是庶子之適故云或從父昆弟云無後者如有昆弟及諸父者如而也而有昆弟謂宗子之親庶兄弟與宗子同祖今既無後祭之當

於宗子祖廟及諸父謂宗子諸父身並是庶子與宗子同此曾祖祭之當於宗子曾祖之廟凡殤有二一昆弟之子祭之當於宗子父廟二是從父昆弟祭之當於宗子祖廟其無後者亦有二一是昆弟無後祭之當於宗子祖廟二是諸父無後祭之當於宗子曾祖之廟凡殤得祭者以其身是適故也無後者成人無後則祭若在殤而死則不祭以其身是庶故也按小記云庶子不祭殤與無後者殤與無後者從祖祔食注云不祭殤者父之庶不祭無後者祖之庶但此經據死者之身小記注據生者設祭之人宗子昆弟是庶不得自祭適子故云父之庶宗子之諸父自是庶不得祭所生適子適子即是宗子從父兄弟故云父之庶不祭無後祖之庶者宗子昆弟無後而死其餘兄弟應祭之以兄弟並是祖庶不合立廟故云祖之庶宗子諸父無後其餘諸父親者亦應合祭之以諸父並是庶子不合立祖廟故云祖之庶義與此不異也云此則今死至其祖禰者從父兄弟是宗子大功親昆弟諸父是宗子期親諸父及從兄弟共祖者昆弟及昆弟之子共禰者鄭必限以大功內親共祖禰者以上文云吉祭特牲唯據士禮適士二廟有祖有禰下士祖禰共廟故鄭限以祖禰同者唯大功之內親也云言祭於宗子之家者爲有異居之道也禮大功以上同居命士以上則父子異宮故云有異居

之道云無廟者爲墠祭之者士立二廟若祭諸父當宗子曾祖之廟宗子是士但有二廟無曾祖廟故云無廟者爲墠祭之推此而言大夫立三廟無太祖者其祭諸父得於曾祖廟也其立太祖廟者其祭諸父當於曾祖廟曾祖無廟亦爲墠祭之云親者共其牲物宗子皆主其禮大功雖有同財之義其經營祭事牲牢之屬親者主爲之又牲牢視親者之品命故云親者共其牲物就宗子之家祭其祖禰故云宗子皆主其禮云當室之白尊於東房以宗子之殤祭於室奧今祭凡殤乃於西北隅又特牲云尊於戶東注云室戶東按上文宗子之殤但不舉肺無肵俎無玄酒不告利成其餘皆與祭成人同則其尊亦設於室戶東今祭凡殤乃尊於東房故云當室之白尊於東房異於宗子之殤也云宗子之適亦爲凡殤者以上經云宗子爲殤而死據宗子身殤不論宗子適子也此明宗子適子父雖是適其子殤死亦爲凡殤以其更無別文故知與凡殤同云過此以往則不祭也者此謂宗子身殤及宗子昆弟之子及從父昆弟并宗子適子等唯此等殤死祭之過此以往皆不祭也云祭適者天子下祭五以下並祭法文彼注云祭適殤於廟之奧謂之陰厭是天子諸侯祭適殤於其廟奧彼注又云王子公子祭其適殤於其黨之廟大夫以下庶子祭其適殤於宗子之家皆當室之白謂之陽厭

是王子以下及大夫等祭其適殤皆爲凡殤也彼注又云凡庶殤不祭以其身是庶若其成人無後則祭之則上文無後昆弟及諸父是也 ○曾子問曰葬引至于堩日有食之則有變乎且不乎堩道也變謂異禮○堩古鄧反且如字徐子餘反○孔子曰昔者吾從老聃助葬於巷黨及堩日有食之老聃曰丘止柩就道右止哭以聽變既明反而后行曰禮也巷黨黨名也就道右者行相左也變日食也反復也○從才用反又如字既明反絕句 反葬而丘問之曰夫柩不可以反者也日有食之不知其已之遲數則豈如行哉已止也數讀爲速 老聃曰諸侯朝天子見日而行逮日而舍奠大夫使見日而行逮日而舍舍奠每將舍奠行主

○朝直遥反使色吏反下君使所使同 夫柩不蚤出不莫宿侵晨夜則近姦寇○
蚤音早莫音暮近附近之近 見星而行者唯罪人與奔父母
之喪者乎日有食之安知其不見星也爲無日而慝作
豫北也○慝他得反惡也 且君子行禮不以人之親痁患痁病也以
人之父母行禮而恐懼其有患害不爲也○痁始占反病也恐丘勇反○ 吾聞諸老聃云

【疏】曾子至聃云○正義曰此一節論葬在道逢日食之事各依文解之○曾子至不乎○曾子以葬引至塗值日有食之則有變常禮而停住乎且不變常禮而遂行乎不審其事而問孔子也○孔子至禮也○孔子荅以已從老聃助葬於巷黨遭日食之事老聃令止柩就道右止哭以聽日食變動既待日食光明反迴而後引柩行老聃稱曰禮也○注巷黨至復也○正義曰就道右者行相左也者就道右者以道東爲右也按儀禮云吉事交相左凶事交相右此既柩行而交相左者以其遭日食之變止哭停柩而不行凶禮故從吉禮行相左或可行相左者云此據北出停柩在道東北鄉向對

南鄉行人爲交相左。反葬至行哉。丘反問老聃云夫柩務於速葬不可以迴反今日有食之令止柩就道右不行不知其日食休已之遲速既不知其遲速設若遲晚遂至於夜莫則豈如行哉言豈如早行爲勝哉言當疾行以至於墓兆其吉辰也。夫柩至痁患。唯罪人及奔父母之喪見星而行今若令柩見星而行便是輕薄人親與罪人同非但輕薄人親且君子行禮之時當尊人後已不可以人之親痁患痁病也病於危也言不可使人之親病於危亡之患也故注云以人之父母行禮而恐懼其有患害不爲也意者言若日食而務速葬以赴吉辰即慮有患害而遂停柩待明反而行禮也。

曾子問曰爲君使而卒於舍禮曰公館復私館不復凡所使之國有司所授舍則公館已何謂私館不復也（復始死招魂。爲君于僞反又如字）孔子曰善乎問之也（善其問難明也）自卿大夫之家曰私館公館與公所爲曰公館公館復此之謂也（公館若今縣官宮也公所）

爲君所命使舍己者〔疏〕曾子至謂也○正義曰此一節論人臣死招魂復魄之事○自卿大夫士之家曰私館○孔子又爲曾子釋私館公館之義私館者謂非君命所使私相停舍謂之私館公館謂公家所造之館與公所爲者與及也謂公之所使爲命停舍之處亦謂之公館君所命停客之處即是卿大夫之館也但有公命故謂之公館也注公館若今縣官宮也鮑遺問曰注此云公所爲君所命使舍已者注雜記云公所爲若今離宮別館也是二說異何張逸荅曰公館若今停待者也離宮是也聘禮曰卿館於大夫大夫館於士公命人使館客亦公所爲也○曾子問曰下殤土周葬于園遂輿機而往塗邇故也土周塈周也周人以夏后氏之塈周葬下殤於園中以其去成人遠不就墓也機輿尸之牀也以繩絙其中央又以繩從兩旁鉤之禮以機舉尸輿之以就園而斂葬焉塗近故耳輿機或爲餘機○邇音爾近也即本又作塈子栗反下同絙本又作絙古鄧反一音古恒反鉤本又作拘古侯反斂力驗反下同○今墓遠則其葬也如之何今人斂下殤於宮中而葬於墓與成人同墓塗乃遠其葬當輿其棺乎載之也問禮之變也孔

子曰吾聞諸老聃曰昔者史佚有子而死下殤也墓遠蓋欲葬墓如長殤從成人也長殤有送葬車者則棺載之矣史佚成王時賢史也賢猶有所不知○佚音逸長丁丈反下同則棺古患反下文棺斂衣棺注棺謂皆同○召公謂之曰何以不棺斂於宮中欲其斂於宮中如成人也斂於宮中則葬當載之○召本又作邵同上照反下同史佚曰吾敢乎哉畏知禮也召公言於周公爲史佚問○爲于僞反下爲辟下文有爲並同周公曰豈不可言是豈於禮不可不許也○周公曰豈絕句言是豈絕句於禮不可絕句史佚行之失指以爲許也遂用召公之言下殤用棺衣棺自史佚始也棺謂斂於棺○【疏】曾子至始也○正義曰此一節論葬下殤之事

曾子問曰下殤土周○曾子既見時所行與古禮異故舉事而問也下殤謂八歲至十一也土周檀弓所云夏后氏之堲周是也周人用特葬下殤之喪故云下殤土周也○葬于園者園圃也下殤去成人遠不可葬於成人之墓故用土周而

葬於園中也○遂輿機而往者輿猶抗也機者以木爲之狀如牀無脚及簀也先用一繩直於中央係著兩頭之橋又別取一繩係一邊材橫鉤中央直繩報還鉤材往還取帀兩邊悉然而後以尸置於繩上抗舉以往園中臨斂時當堲周之上先縮除直繩則兩邊交鉤之繩悉各離解而尸從機中央零落入於堲周中故曰輿機而往也○塗邇故也尸者塗路也邇近也若成人墓遠則以棺衣棺於宮中此下殤葬於園是路去家甚近故先用機舉尸往園中而後棺斂故曰塗邇故也○注土周至餘機○正義曰按檀弓云夏后氏之堲周葬中殤下殤故知土周是堲周也云周人以夏后氏之堲周葬下殤於園中者檀弓云中殤下殤此直云葬下殤土周葬於園者以經云下殤故指下殤爲言檀弓所云據土及庶人也若諸侯長中殤適者車三乘下殤車一乘既有遣車即不得堲周輿機而葬也諸侯庶長殤中殤車一乘則宗子亦不用堲周輿機而葬其下殤則輿機其大夫之適長殤中殤遣車一乘亦不輿機下殤無遣則輿機也然則王之適庶長中下殤皆有遣車並不輿機土及庶人適庶皆無遣車則中下殤並皆輿機故熊氏云若無遣車中從下殤其長殤既無遣車年又長大不可與下殤同蓋棺斂於宮中載棺而往之墓從成人也○今墓遠則其葬也如之何○今謂曾子見時世

禮變皆棺斂下殤於宮中而葬之於墓與成人同陛○今既遠
不復用輿機於尸爲當用人抗舉棺而往墓爲當用車載棺
而往墓邪問其葬儀故云如之何○昔者史佚有子而死下
殤也墓遠○此舉失禮所由之人史佚周初良史武王周公
成王時臣也有子下殤而死○墓遠者史佚欲不葬於園而
載尸往墓及棺而葬之其墓稍遠猶豫未定注史佚武王時
賢史也○正義曰史佚文王武王時臣故國語稱訪於辛尹
尚書稱逸祝冊是也但下殤之喪非成人之要故史佚猶有
不知○召公謂至宮中○召公名奭見史佚欲依下殤禮而
不棺斂於宮中而欲車載往墓猶豫未定故勸之令棺斂於
宮中如成人也○史佚曰吾敢乎哉者言吾雖欲如此猶不
敢恐逹禮者所譏注畏知禮也者是畏周公也不欲直指○
召公言於周公者言猶問也史佚既畏周公故召公爲諮問
於周公述其事狀以決之者周公曰豈不可者周公聞召公
之問故荅云豈豈者怪拒之辭先怪拒之又云不可不可是
不許之辭○史佚行之者召公述周公曰豈不可之辭以語
史佚史佚不逹其指猶言周公豈不可是許之辭故行棺衣
宮中之禮也、下殤用棺衣棺自史佚始也○更據失禮所
由也然此云棺衣棺於宮中自史佚爲始明昔非惟○曾
宮中不棺亦不衣也而不言於宮中者畧從可知也

子問曰卿大夫將爲尸於公受宿矣而有齊衰內喪則如之何孔子曰出舍於公館以待事禮也吉凶不可以同處孔子曰尸弁冕而出爲君尸或弁者先祖或有爲大夫士者卿大夫士皆下之見而下車尸必式小俛禮之必有前驅驅爲辟道。辟婢亦反

疏曾子至前驅。正義曰此一節論卿大夫與君爲尸之事。曾子至之何。曾子言卿大夫或爲尸而巳受宿齊戒而門內有齊衰之喪其禮如何故云則如之何。孔子曰出舍於公館以待事禮也者此荅曾子云且舍公館。待事畢然後歸哭也所以出於公館者以祭是吉吉凶不可同處也。孔子曰尸弁冕而出此孔子因曾子上問爲尸之事遂爲曾子廣說事尸之法故此直言孔子曰無曾子問辭此篇之內時有如此皇氏以爲無曾子問者後寫脫漏非也。注爲君至士者。正義曰按士虞禮云尸服卒者之上服以君之先祖有爲士者當著爵弁以助君祭故子孫祭之尸得服爵弁者若以助君祭服言之大夫著冕此云大夫者因士連言大夫耳按儀禮特

牲尸服玄端少牢又云尸服朝服尸皆服在家自祭之服不服爵弁及冕者大夫士卑屈於人君故尸服父祖自祭之上服人君禮伸故尸服助祭之上服也○卿大夫士皆下之者謂尸或出於道路其卿大夫乘車見尸則下車也尸必式者而尸當馮式小俛以敬之必有前驅者謂尸出行則有前驅辟道之人也○子夏問曰三年之喪卒哭金革之事無辟也者禮與初有司與（疑有司初使之然○辟音避下同與音餘下皆同）孔子曰夏后氏三年之喪既殯而致事殷人既葬而致事（○致事還其職位於君）周卒哭而致事 記曰君子不奪人之親亦不可奪親也此之謂乎（二者恕也孝也）子夏曰金革之事無辟也者非與（疑禮當有然）孔子曰吾聞諸老聃曰昔者魯公伯禽有爲爲之也（伯禽周公子封於魯有徐戎作難喪卒哭而征之急王事也征）

之作費誓○難乃旦反費音秘**今以三年之喪從其利者吾弗知也**時多攻取之兵言非禮也〔疏〕子夏至知也○正義曰此一節論君不奪孝子情之事各依文解之○子夏問曰三年之喪至初有司與者子夏以人遭父母三年之喪卒哭之後國有金革戰伐之事君使則行無敢辭辟爲是禮當然與爲當初時有司强逼遣之與○注致事至致事○正義曰皇氏云夏后氏尚質孝子喪親恍惚君事不敢久留故既殯致事還君殷人漸文思親彌深故既葬畢始致事還君周人極文悲哀至甚故卒哭而致事知周卒哭致事者以喪之大事有三殯也葬也卒哭也夏既殯殷既葬後代漸遠以此推之故知周卒哭也○記曰至謂乎○解人臣喪親在上君子許之致事君子謂人君也人臣有親之喪在上君子許其致事是不奪人喪親之心○此謂恕也以已情恕彼也據君許於下也亦不可奪親者謂人臣遭親之喪○若不致事是自奪思親之心也故遭喪須致事是不奪情以求利祿此謂孝也此據孝子之身也言孝子居喪不可以不致事人君不可以不許舊記先有此文故孔子引之故云此之謂乎○注二者恕也孝也者恕○也解不奪人之親已既思親以已方人何可奪人之親是君忠恕也孝也解亦不可既奪親是孝子思親今

不致事不能念親今既致事是不奪思親之情是其孝也。子夏曰金革之事無辟也者非與孔子既前荅周人卒哭而致事則無從金革之理子夏既見周代行金革無辟之事謂其禮當然故問孔子云金革之事無辟也者豈非禮也與疑其於禮當然又意謂見魯君居喪有金革之事豈是禮也與疑其非禮也故問之。孔子曰吾聞諸老聃曰昔者魯公伯禽有爲爲之也者孔子對云金革之事無辟也者當亦有之吾聞諸老聃曰昔者魯君伯禽卒哭而從金革時有徐戎作亂東郊不開故征之有爲爲之也。注伯禽至費誓。正義曰言伯禽周公之子封於魯按史記魯世家文云徐戎作難尚書序又云卒哭而征之急王事也以此上經云卒哭金革之事無辟此云魯公伯禽有爲爲之故知征之然周公致政之後成王即位之時周公猶在則此云伯禽卒哭者爲母喪也今以三年之喪至弗知也。今以三年之喪卒哭而從金革之事更無所爲爲蓋直貪從於利攻取於人者吾不知也言不知是不得此禮也

附釋音禮記注疏卷第十九

江西南昌府學栞

禮記注疏卷十九挍勘記　阮元撰盧宣旬摘錄

附釋音禮記注疏卷第十九　惠棟挍宋本禮記正義卷第二十七

曾子問

天子崩未殯節

自啓至于反哭　閩監本同岳本同嘉靖本同石經同毛本于誤於衛氏集說同疏倣此

畢獻祝而後止　閩監本同岳本同嘉靖本同衛氏集說同毛本畢獻祝作祝畢獻

俎豆既陳　閩監本同石經同岳本同嘉靖本同衛氏集說同考文引宋板古本足利本同毛本既誤及

自薨比至于殯　閩監本同石經同岳本同嘉靖本同衛氏集說同毛本于誤於下至于反哭同後凡于字倣此

天子至天子　監本作至天子惠棟挍宋本作至而已

祝延尸于奥惠棟挍宋本作祝衞氏集説同此本祝誤祀閩監毛本同

以初崩哀感惠棟挍宋本作慼衞氏集説同此本慼誤感閩監毛本同通典五十二引作以初崩哀戚

三飯不侑酳惠棟挍宋本有侑字此本侑字無閩監毛本同

唯祭天地社稷爲越紼而行事考文引宋板有祭字此本祭字脱與王制不合閩監毛本同

何趙商之意葬時郊社之祭不行閩監毛本同惠棟挍宋本何趙商之意五字作既云二字

曾子問曰大夫之祭節

主人酌酒酳尸閩本作酳惠棟挍宋本同衞氏集説同此本酳字闕監本毛本酳誤獻

其祭尸十一飯訖監毛本如此此本十上誤衍一○閩本同

曾子問曰大夫士有私喪節

曾子至禮也惠棟挍宋本無此五字

主人謂適子仕官者閩監毛本同衛氏集說官作宦下支子仕官同

曾子問曰父母之喪節惠棟云曾子問曰父母節孔子曰先王節宋本合爲一節

曾子問曰惠棟挍宋本有問字石經同岳本同嘉靖本衛氏集說同考文引古本足利本同此本問字脫閩監毛本同石經考文提要云宋大字本宋本九經南宋巾箱本余仁仲本至善堂九經本皆有問字

曾子至可乎惠棟挍宋本無此五字

曰君既啟節

曰君至送君惠棟挍宋本無此五字

曰君未殯節 惠棟云曰君未殯節宋本分大夫宗老以下另爲一節

内子大夫適妻也 惠棟挍宋本有適字岳本同嘉靖本同毛本同衞氏集說同此本適字脫閩監本同釋文出適妻

曰君至夕否 惠棟挍宋本無此五字

若其臨君之殯曰 閩監本同惠棟挍宋本作殯之毛本同

注云大夫至其事 閩監本同毛本夫誤士惠棟挍宋本無注云二字作大夫至朝夕否

君既殯而婦有舅姑之喪 惠棟挍宋本作婦衞氏集說同此本婦誤歸閩監毛本同

賤不誄貴節

讀之以作謚 惠棟挍宋本作讀岳本同嘉靖本同考文引足利本同此本讀誤誄閩監毛本同衞氏集說同

禮當言誄於天子也閩監毛本同岳本同嘉靖本同衛氏集說同浦鏜挍云言當請字誤按正義作請

所以然者凡諡如此是其禮也所以然者凡諡表其實行閩本同監毛本無如此是其禮也所以然者凡諡十二字案此十二字蓋涉上文誤衍監毛本削之是也或以細行則受細名大行則受大名十二字易之非按惠棟挍宋本無此十二字

則諸侯理當言誄於天子閩本同惠棟挍宋本同監毛本言作請案上云大夫當請誄於君則此亦宜作請也

明諸侯之喪亦然監毛本如此衛氏集說同此本明下誤衍諡明二字閩本同

曾子問曰君出疆節

共之以待其來也閩監毛本同嘉靖本同衛氏集說同岳本待誤侍

曾子至節也　惠棟按宋本無此五字

此論諸侯出外死以喪歸之事　考文引宋板作在衞氏集說同此本在作出閩監毛本同

諸公椁內猶有兕　惠棟按宋本如此衞氏集說同此本公上衍侯字閩監毛本同

散帶垂按士喪禮　閩監本同毛本垂下有者字

唯首著免　閩監本同衞氏集說同毛本免作冕

曾子問曰君之喪節

既引及塗　閩監毛本同石經同岳本同嘉靖本同衞氏集說同釋文出及涂字按古道塗字多作涂

布深衣扱上衽　宋監本亦作扱閩本同岳本同嘉靖本同考文引宋板古本足利本同監本扱誤扳衞氏集說同毛本扱誤扳上誤止釋文出扱上衽

曾子至而往　惠棟挍宋本無此五字

或父母葬聞君喪之事　閩監毛本作聞衞氏集説同此本聞誤間下今忽聞君同

今君喪既引在塗　惠棟挍宋本閩監毛本今誤矣

若待封墳既畢　考文引宋本作若閩監毛本若誤君衞氏集説作若葬封墳既畢

必在子還之後　閩監本同衞氏集説同毛本在作待

無免於垣　惠棟挍宋本同閩監毛本垣誤恒衞氏集説同

曾子問曰宗子爲士節

曾子至常事　惠棟挍宋本無此五字

介是副二之義　閩本同監毛本二作貳衞氏集説同

　若宗子有罪節　惠棟挍云若宗子節宋本分攝主以下爲一節布奠於賓之下爲一節不

歸肉之下爲一節

迎尸之前 惠棟挍宋本作尸岳本同嘉靖本同衛氏集說同此本尸誤王閩監毛本誤主通典五十一引亦作迎尸

謂與祭者留之共燕 閩監毛本同岳本同嘉靖本同衛氏集說同考文云宋板古本足利本謂作諸釋文出諸與通典五十一引亦作諸與祭者按正義作諸

其辭于賓曰 閩監毛本同石經同岳本同嘉靖本同衛氏集說同通典亦作辭釋文出其詞云下及注同

若宗至其辭 惠棟挍宋本無此五字

而視命尸授 閩本同惠棟挍宋本亦作授監毛本作綏浦鏜云授下脫祭字

長兄弟酬衆賓衆賓酬衆兄弟 閩監毛本同惠棟挍宋本衆賓二字不重

不敢備禮 閩監毛本同考文引宋板敢作故非也

陽是神之厭飫　閩監毛本同衞氏集說陽作厭

不旅者　閩監毛本同惠棟挍宋本無者字

謂所將祭旅酬之時　閩監毛本同許宗彥所改於祭改行

不嘏不綏祭者　閩監毛本惠棟挍宋本無者字

先爲綏祭　閩監毛本同惠棟挍宋本爲作受案下文有此句仍作爲

以某妃配某氏　閩監本同惠棟挍宋本同毛本妃誤姓

此則不旅酬之事　閩監毛本同衞氏集說則作卽

曾子問曰宗子去在他國節

曾子至祭也　惠棟挍宋本無此五字

論曾子以孔子上文云　閩監毛本同浦鏜挍云論字當衍文

復稱名不得稱介　閩監毛本同許宗彥復改徒

注首本也誣猶妄也文　閩監毛本同浦鏜按云八字當衍

曾子問曰祭必有尸乎節　惠棟按云祭必有尸節宋本分殤不祔祭以下另爲一節

殤不祔祭　閩監毛本同岳本同嘉靖本同衞氏集說同釋文出不附祭云本亦作祔石經初刻是附後改作祔正義作祔

尸謖之後　閩監毛本同岳本同嘉靖本同衞氏集說同考文引宋板謖作饌云古本作起通典五十二亦作謖

曾子至陽厭　惠棟按宋本無此五字

其理亦可　惠棟按宋本如此此本可誤耳閩本同監本耳作爾毛本作其禮亦爾

其吉祭特牲節

祭殤不舉　閩本同石經同岳本同嘉靖本同衛氏集說同考文引宋板古本足利本同監毛本舉下衍肺字石經考文提要云宋大字本宋本九經南宋巾箱本余仁仲本劉叔剛本至善堂九經本皆無肺字按正義云以經云不舉肺無肵俎是孔氏所據本有肺字也監本葢據此補

其吉祭特牲○正義曰　惠棟按宋本無此八字

凡殤與無後者節

爲有異居之道也　閩監毛本同岳本同嘉靖本同惠棟按宋本無也字衛氏集說同通典五十二也字有

凡殤至陽厭○正義曰　惠棟按宋本無此八字

曾子問曰葬引至于堩節

不知其已之遲數　閩監毛本同石經同岳本同衛氏集說同嘉靖本知誤如

吾聞諸老聃云　閩監本同石經同岳本同嘉靖本同衛氏集說同毛本諸誤之

曾子至聃云　惠棟挍宋本無此五字

曾子問曰爲君使節

自卿大夫之家曰私館　岳本同嘉靖本同惠棟挍宋本宋監本及閩監毛本夫下有士字石經同衛氏集說同案䟽士字當有

公館若今縣官宮也　閩本同惠棟挍宋本同䟽同岳本同嘉靖本同考文引古本同監毛本宮作舍衛氏集說同

曾子至謂也　惠棟挍宋本無此五字

君所命停客之處　閩監毛本同衛氏集說客作舍

曾子問曰下殤土周節

土周塱周也 閩監毛本同岳本同嘉靖本同衞氏集說同釋文出郎周云又作塱下同

周人以夏后氏之塱周葬下殤 閩監本同岳本同嘉靖本同考文引宋板同衞氏集說同毛本下誤夏惠棟挍宋本塱作郎下同

曾子至始也 惠棟挍宋本無此五字

周人用特葬下殤之喪 惠棟挍宋本同閩監毛本葬誤喪

故用土周而 惠棟挍宋本作故此本故誤所閩監毛本同此本第二十頁止此共二十一頁全脫閩監毛本同因共空白二十三行今據惠棟挍宋本補

葬於園中也 補此本此葉缺明監毛本同據挍勘記補采記云惠棟挍宋本如此考文所錄同而有一二處異夏后氏之塱周葬中殤下殤無下殤二字檀弓所言據士及庶人也言作云下殤無遣車無車字

與成人同隆隆作路爲當用人抗舉棺舉作與述其事狀以決之之下有者字是許之之辭之字不重又注史佚上注畏知禮上皆有空闕浦鏜按從儀禮經傳通解續補入亦有少不同往還取帀帀上有一字爲當用人抗舉棺舉作與夏后氏之堲周葬中殤下殤下殤二字有檀弓所言言亦作云下殤無遣車亦無車字與成人同隆隆亦作路屬下讀

曾子問曰卿大夫節

曾子至前驅　惠棟按宋本無此五字

且舍公館待事畢　閩監毛本同惠棟按宋本待上有以字

孔子曰尸冕而出　閩監毛本同浦鏜按冕上增弁字

遂爲曾子廣說事尸之法　閩監毛本同考文引宋板爲作與

子夏問曰三年之喪節

殷人既葬而致事閩監毛本同石經同岳本同嘉靖本同衛氏集說同宋監本下有周人卒哭而致事七字考文引古本足利本同段玉裁云公羊宣元年注有周人卒哭而致事一句疏統謂曾子問文岳氏云與國本禮記有周人卒哭而致事一句大書爲經文按此同公羊注疏而與本疏不合

周卒哭而致事惠棟按宋本作周岳本同考文引足利本同此本周誤則閩監毛本同嘉靖本同衛氏集說同浦鏜按云按皇氏疏則周人卒哭致事是鄭君從夏殷推而知之當是注文而孔氏云孔子旣前答周人卒哭而致事則又似屬經文而誤入注耳

征之作費誓閩監毛本同岳本同嘉靖本同宋監本同衛氏集說同釋文費作粊

子夏至知也閩監本同毛本知誤之惠棟按宋本無此五字

謂人臣遭親之喪閩監毛本同惠棟按宋本無人字衛氏集說同

是不奪情以求利祿惠棟按宋本作從衛氏集說同此本從作求閩監毛本同

是君忠恕也孝也監本毛本如此○按忠字乃衍文

疑其於禮當然閩監本同考文引宋板同毛本疑作以

然周公致政之後惠棟按宋本作致此本政誤仕閩監毛本同

是不得此禮也惠棟按宋本此下標禮記正義卷第二十七終記云凡三十頁

禮記注疏卷十九挍勘記

附釋音禮記注疏卷第二十

文王世子第八

○陸曰文王周文王昌也鄭云以其善爲世子之禮故著謚號標篇言可法也

【疏】正義曰案鄭目錄云名曰文王世子者以其記文王爲世子時之法此於別錄屬世子法此篇之內凡有五節從文王之爲世子下終文王之爲世子也爲第一節論文王武王爲世子之禮下下之事上上之法從凡學世子至周公踐阼爲第二節論在上教下說庠序釋奠先聖先師養老東序并明三王教世子又更論周公踐阼抗世子法於伯禽之事自庶子之正於公族至不翦其類爲第三節明庶子正理族人燕飮及刑罰之事殊於異姓又更覆說殊於異姓之義自天子視學至典于學爲第四節論天子視學養三老五更并明公侯伯子男反歸養老於國自世子之記以終篇末爲第五節以其文王爲世子聖人之法非凡人所行故更明尋常世子法各隨文解之

鄭氏注　孔穎達疏

文王之爲世子朝於王季日三三皆曰朝以其禮同○朝直遥反三

如字又息暫反雞初鳴而衣服至於寢門外問內豎之
御者曰今日安否何如內豎小臣之屬掌外內之通命者御如今小史直日矣○
衣徐於既反又如字豎上主反內豎曰安文王乃喜孝子恒兢兢○及日
中又至亦如之又復也○復扶又反及莫又至亦如之莫夕
也○莫音暮注及篇末皆同○其有不安節則內豎以告文王
文王色憂行不能正履節謂居處故事履蹈地也○蹈徒報反○王
季復膳飲食安也然後亦復初憂解○解胡買反○【疏】文王至復初○正義
曰案緯候之說文王年九十六始稱王崩後謚之曰文則爲
世子之時未得爲文王也記者於後追而書之下記世子朝
父母每日唯二又內則云命士以上昧爽而朝日入而夕者
朝禮具夕禮簡故言夕今三皆曰朝者以其禮同故通言朝
凡常世子朝父母每日唯二今文王朝於王季日
三者增一時又三者皆稱朝並是聖人之法也○食上必

在視寒煖之節在察也○上時掌反煖乃管反徐況煩反食下問所膳問所食者命膳宰曰末有原應曰諾然後退末猶勿也原再也勿有所再進爲其失飪臭味惡也退反其寢○末亡曷反應應對之應爲于僞反飪而審反生孰之節武王帥而行之不敢有加焉庶幾程式之帥循也文王有疾武王不說冠帶而養言常在側○稅本亦作脫又作說同音他活反養羊尚反文王一飯亦一飯文王再飯亦再飯欲知氣力箴藥所勝○壹本亦作一飯扶晚反下及篇末皆同箴本亦作誠之林反勝音升旬有二日乃間間猶瘳也○瘳丑由反差也

【疏】○食上必在視寒煖之節食下問所膳至乃間○正義曰食上謂獻饌食下謂食畢徹饌而下文王問進食之人其父所膳何食膳宰荅畢文王又命戒膳宰云末有原末無也原再也言在後進食之時皆須新好無得使前進之物而有再進膳宰應曰諾然後文王乃退反其寢也○注末猶至其寢○正義曰末微末故爲勿也原再

也釋言文云爲其失飪臭味惡也者食若再進必熟爛過節故爲失飪臭謂氣也言氣之與味皆惡也故云臭味惡云退反其寢者以來至王季寢門外今云退故知退反其寢謂文王私寢也○注庶幾程式之帥循也○正義曰案爾雅釋言云庶幾尙也是庶幾爲慕尙之義程式之者程是程限也式是法式言武王慕尙文王以爲程限法式帥循也釋詁文經云不敢有加焉者以武王伐紂功業既成恐有踰越文王之嫌故記者云不敢有加焉○注間猶瘳也○正義曰若病重之時病恒在身無少間空隙病今既損不恒在身其間有空隙病故云間猶瘳也瘳是疾減損也

文王謂武王曰女何夢矣問後容臥○女音汝後同武王對曰夢帝與我九齡帝天也○聆音零本或作齡○文王曰女以爲何也武王曰西方有九國焉君王其終撫諸撫猶有也言君王則此受命之後也文王曰非也古者謂年齡齒亦齡也我百爾九十吾與爾三焉年天氣也齒人壽之數也九齡九十年之

祥也文王以勤憂損壽武王以安樂延年言與爾三者明傳業於女女受而成之。壽音受後同樂音洛予爾羊汝反傳直專反。**文王九十七乃終武王九十三而終**君子曰終終其成功

【疏】文王至而終。正義曰文王疾瘳武王得安睡文王問爾其何夢武王對曰夢見天帝與我九齡之言而與我也文王語武王云天既與女九齡之言女以九齡之爲何事也武王曰齡善也是福善之事西方有九國未賓既夢得九種齡善君王其終撫諸撫有也諸之也言王終久有之文王曰女之所言非也古者謂年齡謂稱年爲齡古者稱齒亦爲齡天既與女九齡女得九十年之祥是我爲百歲爾爲九十吾與爾三焉言我於百年中與爾以三年焉皇氏云以九齡謂鈴鐸謂天以九箇鈴鐸而與武王徧驗書本齡皆從齒解爲鈴鐸於理有疑亦得爲一義今謂天直以九齡之言而與武王不知齡是何事故文王不審云女以爲何。注撫猶至後也。正義曰撫爲存撫故爲有也言君王則此受命之後者文王繼王季爲西伯是殷之諸侯不合稱王今武王謂之君王故知受命之後也案書傳云文王受命一年質虞芮之訟二年伐鬼方三年伐密須四年伐犬夷五年伐耆六年伐崇七年而崩書序云殷始咎周鄭注云紂聞文王三

伐皆勝而始畏惡之囚於羑里三伐者謂二年伐鬼方三年伐密須四年伐犬夷則被囚在四年之末五年之初於時必未稱王若其稱王反叛已露紂何肯囚復釋之是知於時必未稱王也書傳云五年伐耆殷傳云五年之初得散宜生等獻寶而釋文王文王出則尅黎六年伐崇則稱王故詩皇矣論伐崇是類是禡行天子禮此云稱王在受命之後者謂受命六年之後也受命者謂受赤雀丹書之命故中候我應云赤雀入酆止於昌戶受命之時已三分有二今云西方有九國於時未賓則非有二分諸侯也或以爲庸蜀羌髳微盧彭濮之徒未知定是何國也○注年天氣也至成之○正義曰爾雅釋天云周曰年年稔也稔孰謂歲穀一孰是年爲天氣也大戴禮云男八月生齒八歲而齔齒是人壽之數也又年穀一孰而零落人之年老齒亦零落是年之與齒俱有零落之義云文王以勤憂損壽者以文王當紂暴虐之時故知勤憂損壽也無逸篇云文王自朝至于日中昃不遑暇食是勤憂也云武王以安樂延年者以武王承文王之業故安樂延年詩魚麗美萬物盛多始於憂勤終於逸樂也年壽之數賦命自然不可延之寸陰不可減之晷刻文王九十七武王九十三天定之數今文王云吾與女三者示其傳基業於武王欲使武王承其所傳之業此乃教戒之義訓非自然之理○

成王幼不能涖阼。涖視也不能視阼階行人君之事○涖音吏又音類下同涖視本或作莅臨也周公相踐阼而治踐履也代成王履阼階攝王位治天下也○相息亮反治徐直吏反下注治定同一音如字抗世子法於伯禽欲令成王之知父子君臣長幼之道也抗猶舉也謂舉以世子之法使與成王居而學之○抗苦浪反長丁丈反後皆同○成王有過則撻伯禽所以示成王世子之道也以成王之過擊伯禽則足以感喻焉○撻他達反擊也○文王之爲世子也顯上事○

【疏】成王幼不能至子也○正義曰武王既終成王幼弱不能涖阼階行人君之事周公乃輔相成王令成王且在學學世子之道周公代成王踐履阼階攝王位而臨天下乃興舉世子之法於伯禽伯禽舉行世子之法以示成王欲令成王觀而法之使知父子君臣長幼之道○成王有過則撻伯禽者若成王法效伯禽不能備具而有過失周公則笞撻伯禽責其不能以世子之禮教成王也必如此者所以示成王世子之道○文

王之爲世子也者從篇首以至於此是文王之爲世子及武王成王之法其武王成王爲世子之禮皆上法文王故以文王之爲世子揔結之也○注涖視至之事○正義曰案鄭注金縢云文王崩後明年生成王則武王崩時成王年十歲服喪三年畢成王年十二明年將踐阼周公欲代之攝政羣叔流言周公辟之居東都時成王年十三也居東二年成王收捕周公之屬黨時成王年十四也明年秋大熟遭雷風之變時周公居東三年成王年十五迎周公反而居攝之元年也居攝四年封康叔作康誥是成王年十八也故書傳云天子大子十八稱孟侯居攝七年成王年二十一也明年成王即政年二十二也此是鄭義推成王幼不能踐阼之事也○注踐履至下也○正義曰經云周公相踐阼而治知非周公輔相成王今云踐阼而治必知周公代成王履阼階者以明堂位云天子負斧依南鄉而立又云周公踐天子之位是代居位也

○凡學世子及學士必時四時各有宜學士謂司徒論俊選所升於學者○學戶孝反教也下小樂正學干篇師學戈學舞干戚同選息戀反後同

春夏學干戈秋冬學羽籥皆於東序干盾也戈句矛戟也干戈萬舞象武也用動作之時學之羽籥

籥舞象文也用安靜之時學之詩云左手執籥右手秉翟○夏戶嫁反下放此籥羊灼反楯食準反又音尹句古侯反翟大歷反○

小樂正學干大胥贊之籥師學戈籥師丞贊之

四人皆樂官之屬也通職秋冬亦學以羽籥小樂正樂師也周禮樂師掌國學之政教國子小舞大胥掌學士之版以待致諸子春入學舍菜合舞秋頒學合聲籥師掌教國子舞羽吹籥○大如字又音太胥息余反又息呂反注皆放此版音板本又作板舍采音釋後舍采同頒音班

胥鼓南

南南夷之樂也胥掌以六樂之會正舞位旄人教夷樂則以鼓節之詩云以雅以南以籥不僭○旄音毛僭七尋反又子念反

春誦夏弦大師詔之瞽宗秋學禮執禮者詔之冬讀書典書者詔之禮在瞽宗書在上庠

誦謂歌樂也弦謂以絲播詩陽用事則學之以聲陰用事則學之以事因時順氣於功易成也周立三代之學學書於有虞氏之學典謨之教所興也學舞於夏后氏之學文武中也學禮樂於殷之學功成治定與己同也○大音太下文注大大樂正大學大傅大祖大寢

皆同瞽音古瞽宗殷學名庠音詳上庠虞學名播波我反易以豉反〔疏〕凡學至上庠○正義曰此一節是第二節明教世子及學士時節兼明所教之官及所教之處凡學世子及學士必時者學謂教也言三王教世子及學士等必各逐四時所宜則下文之類是也○注四時至學者○正義曰四時各有所宜學者即下云春夏學干戈及春誦夏弦之類是也云學士謂司徒論俊選所升於學者則王制云王子卿大夫元士之適子及國之俊選等升於學謂大學也故下云於東序是大學也○注干盾至秉翟○正義曰干盾也春時萬物有孚甲故象干也盾捍也盾所以捍難故以干爲盾也云戈句孑戟也者夏氣茂盛萬物體壯枝葉似戟有句孑也案考工記戈廣二寸内倍之胡三之援四之以其形句曲有孑刃鄭云若今雞鳴戟也云干戈萬舞象武也者宣八年公羊傳萬者何干舞也以其用干故知象武若其大武則以干配戚則明堂位云朱干玉戚冕而舞大武若其小舞則以干配戈則周禮樂師教小舞干舞是也春夏陽氣發動故云用動作之時學之秋冬學羽籥羽翟羽也秋則體成文章也籥笛也籥聲出於中冬則萬物藏於中云羽籥籥舞象文也宣八年公羊傳云籥者何籥舞也以其不用兵器故象文也引詩者邶風簡兮之篇也證羽籥之義以秋冬凝寒漸靜故云

用安靜之時學之盧植以爲春教干夏教戈秋教羽冬教籥但干與戈羽與籥舞時相對之物皇氏云鄭引詩左手執籥右手秉翟則秋冬羽籥同教春夏亦同教干戈義或然也皆據年二十升大學者也○注四入至吹籥○正義曰云通職秋冬亦學以羽籥者此籥師云教戈周禮籥師掌教國子舞羽歙籥是籥師既教戈乂教籥此小樂正教干周禮樂師教小舞則六舞皆教故知通職至秋冬之時亦教羽籥也云小樂正樂師也者諸侯謂之小樂正天子謂之樂師此有大樂正及小樂正周禮有大司樂有樂師故知小樂正當樂師也但此經雜多有諸侯之禮故謂之大樂正也小樂正也云周禮樂師掌國學之政教國子小舞者證樂師有教舞之事小舞者謂年幼小時教之舞其舞即帗舞羽舞皇舞旄舞干舞人舞也云大胥掌學士之版以待致諸子春入學舍菜合舞秋頒學合聲者證大胥有教樂之事大胥掌教學士版籍以待聚致諸子諸子則學士也春時入學釋蘋藻之菜禮先聖先師合六舞節奏令之得所秋時頒布學者才藝和合音聲使應曲折云籥師掌教國子舞羽吹籥者證籥師有教樂之事周禮唯有籥師此云籥師丞者或諸侯之禮或異代之法○胥鼓南○胥謂大胥南謂南夷之樂施人教國子南夷樂之時大胥則擊鼓以節南樂故云胥鼓南○注南南至不僭

○正義曰鉤命決云東夷之樂曰昧南夷之樂曰南西夷之樂曰朱離北夷之樂曰禁南一名任明堂位云任南蠻之樂也云胥掌以六樂之會正舞位者證大胥所以鼓節南由正舞位故鼓之也云旄人教夷樂者證教南樂之人是旄人也引詩以雅以南者是小雅鼓鍾之詩刺幽王用樂不與德比故陳先王正樂以刺之教夷蠻者明王德化率來四夷言先王以萬舞之雅樂以四夷之南樂以籥舞之文樂進旅退旅則知三舞各得其所不有僭差引之者證此經之南舉南樂則四夷之樂皆教之也○注誦謂至同也○正義曰誦謂歌樂者謂口誦歌樂之篇章不以琴瑟歌也云絃謂以絲播詩者謂以琴瑟播彼詩之音節詩音則樂章也若學舞之時春夏學干戈而用動秋冬學羽籥而用靜皆據年二十升於大學者若其末升大學之時則春誦夏弦在殷之瞽宗也云陽用事則學之以聲春夏是陽陽主清輕故學聲聲亦清輕云陰用事則學之以事秋冬屬陰陰主體質故學事事亦體質因四時所宜順動靜之氣於學功業易成也云周立三代之學者謂立虞夏殷學也其虞之學制在國兼在西郊郊則周之小學也夏殷之學亦在國而鄭注儀禮云周立四代之學於國者合周家爲言耳故與此注不同夏后氏之學在上庠即周之大學爲夏之制也云學書於虞氏之學典謨之教所

興也者虞書有典有謨故就其學中而教之則周之小學也云學舞於夏后氏之學文武中也夏后氏上受舜禪是文下有湯伐是武武以此二者之間故云文武中以兼有文舞武舞故也云學禮樂於殷之學功成治定與已同也者以湯伐桀武王伐紂殷周革命事類相似故云功成治定與已同也先師以爲三代學皆立大學小學今案下養老於東序是周之大學夏之東序也又王制云養老於虞庠是周之小學爲虞庠也又此學。虞學也學舞於夏學學禮於殷學若周別有大學小學更何所教也

○凡祭與養老乞言合語之禮皆小樂正詔之於東序學以三者之威儀也養老乞言養老人之賢者因從乞善言可行者也合語謂鄉射鄉飲酒大射燕射之屬也鄉射記曰古者於旅也語。合如字徐音閤注同下大合樂放此。

大樂正學舞干戚語說命乞言皆大樂正授數學以三者之舞也戚斧也語說合語之說也數篇數。說如字徐始銳反注語說同

大司成論說在東序論說課其義之深淺才能優劣此云樂正司業父師司成即大司成司徒之屬師氏也師氏掌以美。

詔王教國子以三德三行及國中失之事也○論力門反徐力頓反注同行下孟反下文德行同○

【疏】凡祭與養老至在東序○正義曰此一節還是第二節中教世子及學士祭與養老合語之威儀又教世子等祭與養老合語之義理兼明所教之官及所教之處又明可成之官考課才藝深淺也○凡祭與養老乞言合語之禮者此之一凡摠包三事也一是祭二是養老乞言三是合語之禮皆小樂正詔之於東序謂祭與養老乞言及合語之禮皆小樂正之官詔告世子及學士於東序之中謂小樂正以此祭及養老合語三者之威儀以教世子及學士等○注學以至也語○正義曰學以三者學教也教以三者威儀容貌言祭與養老乞言及合語行禮之時皆有容貌故小樂正教之云合語謂鄉射鄉飲酒大射燕射之屬也○者此經先云祭與養老乞言別云合語則合語非祭與養老也故知是鄉射鄉飲酒必大射燕射之等指儀禮成文而言之以其此等至旅酬之時皆合語也其實祭未及養老亦皆合語也故詩楚茨論祭祀之事云笑語卒獲箋云古者於旅也語是祭有合語也養老既乞言自然合語也引鄉射記者證旅酬之時得言說先王之法故云古者於旅也語言合語者謂合會義理而語說也○大樂至授數○前文小樂正既教三者之威儀令大樂正又教三者之

義理故大樂正學舞干戚干戚則前經祭祀也祭祀之時舞其干戚之樂不云祭祀而云舞干戚者容祭祀之外餘干戚皆教之語說謂合語之說則前經合語也亦大樂正教以語說義理命乞言者大樂正命此世子及學士於老者而乞言則前經養老乞言但前經云祭故養老乞言與祭相連故尊之序在合語之上此經不云祭故略其養老在語說之下皆大樂正授數者謂干戚語說乞言三者皆大樂正之官授世子及學士等篇章之數爲之講說使知義理○注學以至篇數○正義曰此經與前經重序其事文勢相似前經小樂正乃教威儀事淺故云詔之東序此大樂正所教義理既深故大樂正授數知者文承東序之下大樂正授數之時亦在東序大司成論說在東序○小樂正既詔以三者威儀大樂正又教以三者義理於是大司成之官論量課說此世子學士等義理之深淺才能之優劣於東序之中○注司成至事也正義曰鄭以下文云樂正司業父師司成父師與樂正相連此大司成亦與大樂正相次故知司成則大司成也以其掌教故知是司徒之屬以其父師司成又掌教國子故知當師氏也引師氏以美詔王以下者皆師氏職文案書傳大夫爲父師周禮師氏中大夫云教國子以三德三行三德一曰至德以爲道本二曰敏德以爲行本三曰孝德以知逆惡教三行

一曰孝行以親父母二曰友行以尊賢良三曰順行以事師長云及國中失之事者中謂中禮失謂失禮掌國家中禮失禮之事也○凡侍坐於大司成者遠近間三席可以問間猶容也容三席則得指畫相分別也席之制廣三尺三寸三分則是所謂函丈也○坐才臥反又如字遠近間並如字間猶容也注同徐古辨反同畫乎麥反別彼列反廣古曠反又如字三寸一本作廣三尺三寸三分函胡南反終則負牆卻就後席相辟○辟音避下辟君同列事未盡不問錯尊者之語不敬也【疏】凡侍至不問○正義曰此一節論國子侍坐於大司成之儀故云侍坐於大司成○遠近間三席可以間者去大司成遠近中間可容三席之地席制廣三尺三寸三分寸之一三席則函一丈可以指畫而問也○終則負牆者問終則起卻就後席負牆而坐辟後來問者○列事未盡不問者其問事之時必待尊者言終如有不曉然後更問若尊者序列其事未得終盡則不可錯亂尊者之語而輙有咨問則為不敬也○凡學春官釋奠于其先師秋冬亦如之官謂禮樂詩書之官周禮曰凡有道者有德者

使教焉死則以爲樂祖祭於瞽宗此之謂先師之類也若漢禮有高堂生樂有制氏詩有毛公書有伏生億可以爲之也不言夏夏從春可知也釋奠者設薦饌酌奠

【疏】凡學至如而已無迎尸以下之事○億本又作噫音抑之○正義曰此論四時在學釋奠之事凡學者謂禮樂詩書之學於春夏之時所教之官各釋奠於其先師秋冬之時所教之官亦各釋奠於其先師故云秋冬亦如之猶若教書之官春時於虞庠之中釋奠於先代明書之師四時皆然教禮之官秋時於瞽宗之中釋奠於其先代明禮之師如此之類是也注官謂至之事○正義曰官謂禮樂詩書之官者謂所教之官也若春誦夏弦則大師釋奠也教干戈則小樂正樂師等釋奠也教禮者則執禮之官釋奠也皇氏云其教雖各有時其釋奠則四時各有其學備而行之引周禮曰凡有道者有德者使教焉死則以爲樂祖祭於瞽宗者此周禮大司樂文引之者證樂之先師也後世釋奠祭之然則禮及詩書之官有道有德者亦使教焉死則以爲書禮之祖後世則亦各祭於其學也故云此之謂先師之類也以大司樂掌樂故特云樂祖其餘不見者周禮文不具也云若漢禮有高堂生樂有制氏詩有毛公書有伏生者皆漢書儒林傳文案書傳伏生濟南人故爲秦時博士孝文帝時以書教於齊魯之間詩有毛

公者毛公趙人治詩爲河間獻王博士高堂生者魯人漢興爲博士傳禮十七篇藝文志漢興制氏以雅樂聲律世爲樂官頗能記其鏗鏘鼓舞不能言其義是其事也其儒林傳詩書及禮多矣而不言者以其非俊異也又有傳易及春秋不引者以此經唯有詩書禮樂故不引易與春秋云億可以爲之也者億是發語之聲言此等之人後世亦可爲先師也疑而不定故發聲爲億以三時釋奠獨不言夏故言夏從春可知也以其釋奠直奠置於物無食飲酬酢之事故云設薦饌酌奠而已無迎尸以下之事釋奠所以無尸者以其主於行禮非報功也

凡始立學者必釋奠于先聖先師及行事必以幣謂天子命之教始立學官者也先聖周公若孔子〇

〔疏〕凡始至以幣〇正義曰此明諸侯之國天子命之使立學者必釋奠於先聖先師及行事之時必用幣而行禮諸侯言始立學必釋奠於先聖先師則天子始立學亦釋奠於先聖先師也天子云四時釋奠於先師不及於先聖者則諸侯四時釋奠亦不及先聖也始立學云必用幣則四時常奠不用幣也皇氏云行事必用幣謂禮樂器成及出軍之事其告用幣而已〇案釁器用幣下別具其文此行事必用幣繫於釋奠之下皇氏乃離文析句其義非也〇

注謂天至孔子。正義曰此謂諸侯新建國天子命之始立學也故王制云天子命之教然後爲學是也知非天子始立立學者以此下文云有國故則否是廣記諸侯之國故知此始立學者據諸侯也但天子立虞夏殷周四代之學若諸侯正立時王一代之學有大學小學耳其所習經業皆於時王學中其鄉學爲庠故鄉飲酒義曰迎賓于庠門之外注云庠鄉學也若州黨與鄉同處共在鄉學故學記云黨有庠是鄉之所居黨也州及遂以下皆謂之序故州長春秋射于序學記云術有序鄭云術當爲遂是州遂爲序也云先聖周公若孔子者以周公孔子皆爲先聖近周公處祭周公近孔子處祭孔子故云若若是不定之辭立學爲重故及先聖常奠爲輕故唯祭先師此經始立學故奠先聖先師。凡釋奠者必有合也國無先聖先師則所釋奠者當與鄰國合也。有國故則否若唐虞有夔伯夷周有周公魯有孔子則各自奠之不合也。夔求龜反○凡大合樂必遂養老大合樂謂春入學舍菜合舞秋頒學合聲於是時也天子則視學焉遂養老者謂用其明日也鄉飲酒鄉射之禮明日乃息司正徵唯所欲以告於先生君子可也是養老之象類〔疏〕凡釋至養老。正義曰此謂諸侯之國釋奠之時若已國無先聖先師則合祭鄰國先聖先師謂彼此二國共祭此先聖先師故云合也非謂就他國而祭之當遥合祭耳若魯有孔子顏回餘國祭之不必於魯若已國有先聖先師則不須與鄰國合也當各自祭故云有國故則否是唐虞有夔龍伯夷周有周公魯有孔子是國故有此人則不與鄰國合祭也○凡大合樂必遂養老○正義曰此明合樂之時天子視學於其明日必遂養老○注大合至象類○正義曰經云凡大合樂者凡者非一之辭鄭以大合樂謂春入學釋菜合舞秋頒學合聲者其月令季春大合樂則亦在其中以季春大合樂其文自明故鄭不引之耳○云於是時也天子則視學焉者周禮大胥春合舞秋合聲雖無天子視學之文又月令季春大合樂天子親往則明春合舞秋合聲之時天子亦親視學也云遂養老者謂用其明日也者案鄉飲酒鄉射禮明日乃息司正云徵唯所欲以告於先生君子可也先生謂致仕者君子謂鄉中有德行者此皆老人也故云是養老之象類○凡語于郊者語謂論說於郊學○必取賢斂才焉或以德進或以事舉或以言揚大樂正論造士之秀者升諸司馬曰進士謂此矣○曲藝皆誓

之曲藝爲小技能也誓謹也皆使謹習其事○技其彼反○以待又語又語爲後復論說也○復扶又反○三而一有焉三說之中有一善則取之以有曲藝不必盡善乃進其等進於衆學者○以其序又以其藝爲次謂之郊人遠之俟事官之缺者以代之遠之者不日俊選日郊人賤技藝○遠于萬反注同○於成均以及取爵於上尊也董仲舒曰五帝名大學曰成均則虞庠近是也天子飲酒于虞庠則郊人亦得酌于上尊以相旅○近附近之近○

疏

凡語至尊也○正義曰此以下明官爵於學士已成者○注語謂論說於郊學○正義曰語謂論課學士才能也郊西郊也周以虞庠爲小學在西郊今天子親視學於其西郊考課論說於西郊之學以西方成就之地故也或偏在四郊○必取賢斂才焉者謂在於西郊學之中論說取賢斂其才能者以爵之也○或以德進者○謂人能不同各隨才用也德謂有道德者進謂用爵之也德最爲上故進之宜先也○或以事舉者事次德者雖無德而解世事或吏治之屬亦舉用之也○或以言揚者次事也揚亦進舉之類互言之雖無德無事而能言語應對堪爲使命亦舉

用之○曲藝皆誓之者曲藝謂小小技術若醫卜之屬也誓謹也若學士中雖無前三事而有小小技術欲授試考課皆且卻之令謹習○以待又語者又語謂後復論說之日令待後時若春待秋時也○三而一有焉者謂小技藝者所說三事之中而一事有善者○乃進其等者等輩類也若說三事有一善者則進於大衆輩中也以其序者序次也雖得進衆而不得與衆爲一猶使與其輩中自爲高下之次序也○謂之郊人者雖有次序而待職缺當擬補之若國子學士未官之前俱爲俊選而以小才技藝者未官之前而不得同爲俊選但名曰郊人言其猶在郊學也○遠之者所以謂爲郊人者是疏遠之故也○於成均以及取爵於上尊也者成均則虞庠也上尊堂上之酒尊天子於成均之内飲酒以恩澤被及於此郊人其郊人雖賤亦得取爵於堂上之尊以相旅也所以榮之○注董仲至相旅○正義曰董仲舒爲春秋繁露云成均爲五帝之學虞庠是舜學則成均五帝學也以無正文故云近是也言虞庠近是成均凡飲酒之禮尊者酌於堂上之尊卑者酌於堂下之尊故特牲禮主人獻賓及獻衆賓及長兄弟等及次賓及次兄弟等皆酌於堂下之尊以相旅是也今郊人雖賤亦得酌於堂上尊故云取爵於上尊

○始立學者既興器用

幣興當爲釁字之誤也禮樂之器成則釁之又用幣告先聖先師以器成○興依注爲釁釁音虛覲反○然後釋菜告先聖先師以器成有時將用也○不舞不授器釋菜禮輕也釋奠則舞舞則授器司馬之屬司兵司戈司盾祭祀授舞者兵也乃退儐于東序一獻無介語可也言乃退者謂得立三代之學者釋菜于虞庠則儐賓于東序魯之學有米廩東序瞽宗也○儐必刃反本亦作擯注同介如字下注同副也廩力甚反○

〔疏〕始立學者既興器用幣至可語也○正義曰此一節明禮樂之器初成用幣告先聖先師又釋菜告器成將用乃退儐之事也○始立學者亦謂天子命諸侯始立教學又造禮樂之器新成釁之既畢乃用幣告先聖先師以器成也然後釋菜既以幣告後又更釋菜告先聖先師以器成將用也故前用幣告其器成後釋菜告其將用也不舞不授器凡釋奠禮重故作樂時須舞乃授舞者所執干戈之器今其釋菜之時雖作樂不爲舞也亦既不舞故不授舞者之器乃退儐于東序釋菜虞庠既畢乃從虞庠而退乃儐禮其賓於東序之中其禮既殺唯行一獻無介無語如此於禮可也○注興當至器成○正義曰案雜記宗廟之器其名者成則釁之以豭豚是

器成當釁之故知與當爲釁經言用幣故知告先聖先師以
器成也○注告先至用也○正義曰前用幣直云告器成此
釋菜云告器成將用則兩告不同也熊氏云用幣則無菜用
菜則無幣皇氏云用幣釋菜秪是一告其義恐非也案四時
釋奠不及先聖知此用幣及釋菜及先聖者以上文始立學
釋奠先聖先師此文亦云始立學旣釁器用幣釋菜亦及先
聖也以其始立學及器新成事重於四時常奠也故學記云
皮弁祭菜鄭注禮先聖先師知及先聖者以彼云未卜禘不
視學則祭菜與視學爲一也此下文云天子視學祭先聖先
師故知學記祭菜及先聖也熊氏云月令釋菜不及先聖者
以其四時入學釋菜故不及先聖也王制釋奠于學注以爲
釋菜奠幣知非釋奠者彼是告祭之禮初天子出師受成於
學告之無牲明反告亦無牲也故謂釋奠時亦不及先聖也
凡釋奠有六始立學釋奠一也四時釋奠有四通前五也王
制師還釋奠于學六也釋菜有三春入學釋菜合舞一也此
釁器釋菜二也學記皮弁祭菜三也秋頒學合聲無釋菜之
文則不釋菜也釋幣唯一也即此釁器用幣是也以前皆熊
氏之說義或當然也○注釋菜禮輕也○正義曰此既釋菜
禮輕不可爲舞所以大胥云春舍菜合舞似釋菜爲舞者彼
謂春欲合舞之時先行釋菜之禮不謂釋菜之時則合舞也

○注言乃至宗也○正義曰從釁器以來皆據諸侯之禮故云始立學若其諸侯唯立時王之學何得云乃退儐于東序故云乃退者得立三代之學得有夏之東序謂諸侯有功德者得立三代之學若魯國之比東序與虞庠相對東序在東虞庠在西既退儐于東序明釋菜在於虞庠云魯之學有米廩東序瞽宗也者明堂位文也

教世子亦題上事

【疏】教世子○正義曰從上凡學世子至此皆是教世子之法其間雖有王子公卿大夫元士之子及國之俊選諸侯之事及釋奠養老之事雖非一也以世子爲主故云教世子以摠之○注亦題上事○正義曰題謂題目前文王之爲世子文在於下題目以上之事今教世子之文又在於下亦是題目以上所設諸事故云亦題上事也

○**凡三王教世子必以禮樂樂所以脩內也禮所以脩外也禮樂交錯於中發形於外是故其成也懌恭敬而溫文**中心中也懌說懌○懌音亦○**立大傅少傅以養之欲其知父子君臣之道也**養猶教也言養者積

浸成長之○少傅詩召反下音賦後同浸子鴆反○大傅審父子君臣之道以示之謂爲之行其禮○爲于僞反下爲說其爲君皆同○少傅奉世子以觀大傅之德行而審喻之爲說其義大傅在前少傅在後謂其在學時○入則有保出則有師謂燕居出入時是以教喻而德成也以有四人維持之○師也者教之以事而喻諸德者也保也者慎其身以輔翼之而歸諸道者也慎其身者謹安護之記曰虞夏商周有師保有疑丞記所云謂天子也取以成說○

疏 凡三至疑丞○正義曰此一節是第三節中論三王教世子禮樂及立師傅教以道德既成教尊官正國治之事○樂所以脩內者樂是喜樂之事喜樂從內而生和諸性情故云樂所以脩內也○禮所以脩外也者禮是恭敬之事恭敬是正其容體容體在表故所以脩外也○禮樂交錯於中發形於外者樂雖

由中從中而見外禮雖由外從外而入中是中之與外皆有禮樂故云禮樂交錯於中謂交間錯雜於其情性之中發形於外謂宣發形見於身外也謂威儀和美也○是故其成也懌者謂內外有樂心既喜悅外貌和美故其成也懌懌說懌也○恭敬而溫文者謂內外有禮貌恭心敬而溫潤文章故云恭敬而溫文也○注謂燕居出入時○正義曰上云在前在後謂行步動止之節此文言入言出故以爲燕居出入也○是以教至者也○以世子外有傅相內有師保是以世子於師教曉喻其德業成就師也者教之以事而喻諸德者也作記者更明師保之德故云師也者教之以事而喻諸德者謂教世子以所行之事喻曉也諸於也而每事之上使世子曉喻於德義也○保也者慎其身以輔翼之而歸諸道者也保是護也輔相也翼助也謂護慎世子之身輔相翼助使世子而歸於道案老子先道後德則道尊德卑此師喻諸德保歸諸道先德後道者以道德無定據各有大小老子謂無爲自然之道故在先德謂人所法行故在後皆謂大道大德也此謂教世子之身先須於事得理若身之有德乃可通達流行故德先道後謂小道小德也已具上曲禮疏○記曰虞夏商周有師保有疑丞注記所云謂天子也取以成說○正義曰此作記之人更言記曰則是古有此記作記者引之耳注

記所云據天子也必知據天子者以有師保疑丞下則云四輔三公故知天子也後人作記者取此古記天子之事以成世子之記耳。設四輔及三公不必備唯其人語使能也語言也得能則用之無則已不必備其官也小人處其位不如且闕君子曰德德成而教尊教尊而官正官正而國治君之謂也

疏設四至能也。正義曰設四輔及三公不必備唯其人此皆古記之文語使能一句是後作記者解前記之人所言以四輔三公不必須備惟擇好人者語使能也語言也所言古記如此言四輔三公必使能也其四輔者案尚書大傳云古者天子必有四鄰前曰疑後曰丞左曰輔右曰弼天子有問无以對責之疑可志而不志責之丞可正而不正責之輔可揚而不揚責之弼其爵視卿其祿視次國之君也仲尼曰昔者周公攝政踐阼而治抗世子法於伯禽所以善成王也聞之曰爲人臣者殺其身有益於君則爲之

況于其身以善其君乎周公優爲之聞之者聞之於古也于讀爲迂迂猶廣也大也○治直吏反下而治國治並同于依注作迂音同又音紆〔疏〕○正義曰此一節是第三。節中覆說周公教成王爲世子之事及在學行一物而有三善之事故云抗世子法於伯禽所以善成王也○況于其身以善其君乎周公優爲之者仲尼聞古之言爲人臣者殺其身有益於君不辟殺害猶尙爲之況周公于其身于廣大也今乃廣大其身謂其身得廣大以善其君乎周公優爲之其周公比殺身之人則優饒爲之言周公自優饒光益也所以光益者古人益君則身處危亡周公益君身居尊顯又古人益君則勤苦周公益君則逸樂是於身有優饒於德又廣大也○注于讀至大也○正義曰于是語辭迂爲迴遠故讀于爲迂從廣大之義也○是故知爲人子然後可以爲人父知爲人臣然後可以爲人君知事人然後能使人成王幼不能涖阼以爲世子則無爲也以爲世子若爲世子時○〔疏〕是故至爲也○正義曰凡教世子之法必須對父成王既幼未能涖阼爲人君應須教以世子之法然後能爲人君成王既無父今若以成王爲世子時則無爲世子之處故抗世子法於伯禽使伯禽與成王居令成王學之知父子君臣之義也○注以爲至子時正義曰武王既崩則成王非復是世子今經云以爲世子則是周公全用世子禮教之故云若爲世子時言雖爲君未能涖阼與世子時無異故云以爲世子則無爲也以實則不爲世子也是故抗世子法於伯禽使之與成王居亦學此禮於成王側欲令成王之知父子君臣長幼之義也君之於世子也親則父也尊則君也有父之親有君之尊然後兼天下而有之是故養世子不可不慎也處君父之位覽海内之士而近不能教其子則其餘不足觀矣○令力呈反○行一物而三善皆得者唯世子而已其齒於學之謂也物猶事也故

世子齒於學國人觀之曰將君我而與我齒讓何也曰有父在則禮然然而衆知父子之道矣其二曰將君我而與我齒讓何也曰有君在則禮然然而衆著於君臣之義也其三曰將君我而與我齒讓何也曰長長也然而衆知長幼之節矣故父在斯爲子君在斯謂之臣居子與臣之節所以尊君親親也故學之爲父子焉學之爲君臣焉學之爲長幼焉學教○學音效下及注同父子君臣長幼之道得而國治語曰樂正司業父師司成一有元良萬國以貞

世子之謂也司主也一人也元大也良善也貞正也周公踐阼亦題上事

疏 行一至踐阼。○正義曰物猶事也謂與國人齒讓之一事而三善者謂衆知父子衆知君臣衆知長幼是其三善則下經所云者是也俗本皆云著於君臣之義而定本無著字義亦通云父在則禮然君在則禮然直云長長不云兄在則禮然者於世子無兄故不云兄在也故世子齒於學國人觀之曰將君我而與我齒讓何也者國人謂不知禮者疑而發問○曰有父在則禮然者是知禮曉其意而荅之言父在則禮然者父在之時恒須謙退不敢居人之前故云父在則禮當如此○然而衆知父子之道矣者國人見世子雖貴尙居降於人則知父尊彌甚故云衆知父子之道父子天性自然故云道君臣以義相合故云義長幼有等級上下故云節以幼時事父成人事君故先父子後君臣長幼輕於君臣故在下父子長幼親屬易明故云知君臣以義和合於後始顯故云著也此世子齒於學者唯在學受業時與國人齒若朝會飲食則各以位之尊卑諸子職云辨其等正其位注云位朝位是也○故父在斯爲子君在斯謂之臣○國人聞世子爲君父之在而居臣子之禮不敢自尊於是各知尊其君父故世子所以父在爲子禮君在爲臣禮也斯語辭也然父子天性故云爲子也君臣以義相合不云爲臣而云謂之臣者世子於君雖曰君臣異於義合故云謂之臣也○注司主至正也○正義曰司是職司故爲主謂樂正主大子詩書之業父師主大子成就其德行也云一一人也一人謂世子也元大也良善也貞正也言世子有大善則萬國以正此經謂世子也何直云一一人者恐爲一時之事故云一人謂世子也釋詁文元是首故爲大也論語云溫良恭儉讓漢有賢良方正故良爲善易文言云貞固足以幹事故貞爲正也○周公踐阼○從上三王教世子至此皆周公踐阼之事故注云亦題上事也

庶子之正於公族者教之以孝弟睦友子愛明父子之義長幼之序 正者政也庶子司馬之屬掌國子之倅爲政於公族者○弟大計反倅音七對反副也 其朝于公內朝則東面北上臣有貴者以齒 內朝路寢庭○朝直遙反後不出者並同 其在外朝則以官司士爲之 外朝路寢門之外庭司士亦司馬之屬也掌羣臣之班正朝儀之位也 其在宗廟之中則

如外朝之位宗人授事以爵以官宗人掌禮及宗廟也以爵貴賤異位也以官官各有所掌也〔疏〕庶子至以官○正義曰此一節是第四節若司徒奉牛司馬奉羊司空奉豕中之上節也論庶子之官治理公族朝祭燕食吉凶刑罰之事各隨文解之○注正者至族者○正義曰以經之正字乃是正定之正今案在下皆論公之接待族人及犯罪公之赦宥刑殺皆君之所爲非庶子所正故知庶子唯主其政令而已故讀爲政也庶子司馬之屬掌國子之倅者案周禮諸子下大夫二人屬夏官司馬諸侯謂之庶子職掌與諸子同故周禮序官鄭注云或曰庶子掌國子之倅者倅副也鄭注諸子云國子是公卿大夫士之副貳也言副貳於父也○其朝至以齒○此公族之等若朝於公之內朝內朝謂路寢庭朝也公族內朝則西方東面北上○臣有貴者以齒者皆同姓之臣不得踰越父兄皆以昭穆長幼爲齒謂父兄雖賤而在上子弟雖貴而處下○注內朝至寢庭○正義曰知路寢庭者以下云其在外朝司士爲之案周禮司士掌路寢門外之朝則知此內朝是路寢庭朝也○其在外至爲之○外朝謂路寢門外之朝也若公族在於外朝與異姓同處位次之時則以官之上下不復以年齒也○司士爲之者謂司士之官

主爲朝位之次外朝位既司士主之則內朝庶子主之也上
文內朝不云庶子爲之者以文承庶子之下主之可知故不
言也○注外朝至位也○正義曰以言司士亦司馬之屬也
掌羣臣之班正朝儀之位也案周禮司士掌正朝儀之位王
族故士虎士在路門之右南面大僕從者在路門之左南面
是在路門外也故知此外朝路門外之朝也此對路寢庭朝
爲外朝若對庫門外朝朝士所掌三槐九棘之朝則此路門
外朝亦爲內朝也故玉藻云朝於內朝朝辨色始入君日出
而視之退適路寢是也其朝位天子之朝三公北面東上孤
東面北上卿大夫西面北上其士門西東面北上若諸侯之
朝案大射卿西面北上大夫北面東上士門西東面北上與
天子不同周禮司士屬司馬故云亦司馬之屬司馬掌羣臣
之班正朝儀之位皆司士職文○其在至以官○此論同姓
公族在宗廟之禮故云其在宗廟之中則如外朝之位也言
立位所在如外朝之位也○宗人授事以爵以官者宗人掌
禮之官及宗廟授百官之事以爵者隨爵之尊卑貴者在前
賤者在後又以官之職掌各供其事○注宗人至奉豕○正
義曰言宗人掌禮及宗廟者別言及宗廟則掌禮謂宗廟之
外諸禮皆掌也云若司徒奉牛司馬奉羊司空奉豕者以經
云以官謂祭祀之時官官各司其事更無正文故引司徒奉

牛以下證之案周禮司徒奉牛牲司馬奉羊牲其司空奉豕無文此云知奉豕者案周禮雞人屬宗伯羊人屬司馬故此云司馬奉羊犬人屬司寇案五行傳云牛屬土雞屬木羊屬火犬屬金豕屬水司空冬官其位當水故鄭注周禮司空奉豕與案五行傳馬屬火而周禮司馬羞馬牲者以其主馬故特使供之此注直云奉牛奉羊奉豕者據諸侯三卿以言之故不云雞犬及馬

其登餕獻受爵則以上嗣上嗣君之適長子以特牲饋食禮言之受爵謂上嗣舉奠也獻謂舉奠洗爵酌入也飲謂宗人遣舉奠盥祝命之餕也大夫之嗣無此禮辟君也○餕音俊適丁歷反盥音管

【疏】○正義曰此亦公族廟中之禮論貴適子之事案特牲禮尸食之後主人主婦賓長等獻尸三獻禮畢主人獻賓及獻衆賓畢主人酬賓賓奠不舉主人獻長兄弟及獻衆兄弟內兄弟等訖長兄弟洗觚酌尸爲加爵衆賓長又爲加爵畢嗣子乃舉奠奠者初尸未入之前祝酌奠奠于鉶南尸入祭奠不飲至此乃嗣子舉之必嗣子舉奠者鄭注特牲云將傳重累之者又云大夫之嗣子不舉奠則此舉奠者天子諸侯及士之子禮特牲云嗣舉奠盥入北面再拜稽首尸執奠嗣子進受復位再拜稽首尸答拜嗣子卒觶拜尸尸答拜則此經所謂受爵也特牲又云嗣舉奠

先酌入尸拜受嗣子荅拜則此經所謂獻也特牲又云無筭爵之後禮畢尸謖而出宗人遣嗣子及長兄弟相對而餕所謂餕也以特牲言之則先受爵而後獻獻而後餕今此經先云餕者以餕爲重舉重者從後以嚮先逆言之故云其登餕獻受爵也登謂登堂無事之時嗣子在堂下餕時登堂獻時亦登堂受爵之時亦登堂此一登之文包此三事以經文連於上宗廟之中宗人授事以爵以官謂衆官皆爲其事○則以上嗣○其登餕獻不用衆官唯用上嗣故云則以上嗣案特牲餕時雖有長兄弟以上嗣爲主○注上嗣至君也○正義曰言適長子者是適子之中長也凡適皆可以嗣今云上嗣是嗣中最上云受爵謂上嗣舉奠者以特牲無受爵之文唯有嗣子舉尸之奠爵受而飲之故此經謂之受爵也云獻謂舉奠洗爵酌入也者亦以特牲無嗣獻之文故將此爲獻也舉奠謂嗣子也名此嗣子爲舉奠嗣子既飲尸前爵畢乃更洗爵酌入以進尸此謂士禮若天子諸侯除此酌入之數外子孫別有獻尸故鄭注小雅云天子則有子孫獻尸之禮云大夫之嗣無此禮辟君也者案少牢饋食無嗣子舉奠大夫尊於士而不舉奠故知辟正君也

庶子治之雖有三命不踰父兄治之治公族之禮也唯於內朝則然其餘會聚之事則與

庶姓同一命齒于鄉里再命齒于父族三命不齒不齒者特爲位不在父兄行列中○行戶剛反 **其公大事則以其喪服之精麤爲序雖於公族之喪亦如之以次主人** 大事謂死喪也其爲君雖皆斬衰序之必以本親也主人主喪者次主人者主人恒在上主人雖有父兄猶不得下齒 **君公與族燕則異姓爲賓** 同宗無相賓客之道 **膳宰爲主人** 君尊不獻酒 **公與父兄齒** 親親也 **族食世降一等** 親者稠疏者希○稠直由反密也

【疏】庶子至父兄○正義曰庶子治之謂治此公族朝於內朝之時也既不計官之大小故雖有三命之貴而列位不得踰越在無爵父兄之上也然此句應承第二條前臣有貴者以齒之下其外朝既云司士爲之則內朝自然庶子治之也所以在此者當是簡札遺脫故在此也鄭不言者略耳○注治之至行列中○正義曰治之治公族之禮也唯於內朝則然者鄭恐外朝亦爾故云唯於內朝則然云其餘會聚之事則與庶姓同者其餘謂非內朝則皆並計官也云一命齒于鄉里者引黨正文解三命不踰父兄

之事也一命尙卑若與鄉里長幼燕食則猶計年也云再命齒于公族者再命漸尊不復與鄉里計年唯官高在上但父族爲重而猶與之計年爲列也云三命不齒者三命大貴則不復與父族計年若應有燕會則別席獨坐在賓之東也○其公至主人○此謂君喪而庶子官掌之事也大事謂君喪其臣雖皆斬衰其庶子列次之時則以其本服之精麤爲序衰麤者在前衰精者在後○雖於公族之喪亦如之者言非但公喪如此雖於公族之内有死喪之事相爲亦如之爲死者服麤者居前服精者居後故云亦如之○以次主人者謂雖有庶長父兄尊於主人仍次於主人之下使主人在上居喪主也○注大事至下齒○正義曰以其經云則以其喪服之精麤故知大事謂死喪也云序之必以本親也者案喪服臣爲君斬衰今言服之精麤爲序故知必以本親服之精麤謂衰服縷布精麤也皇氏云以爲喪服以麤爲精故鄭注雜記云臣爲君三升半微細焉則屬於麤是知斬爲精齊爲麤若如皇氏說緦麻小功爲極麤斬衰爲極精也書傳何處謂斬衰爲精乎但斬衰於麤之外別更稱斬見其哀痛之甚故於齊衰而稱麤也云微細焉則屬於麤者謂得入齊衰之限不復稱斬耳豈謂斬衰細乎皇氏之說非也云主人雖有父兄猶不得下齒者言主喪之人當在於上以爲喪主雖族人

父兄尊則主人猶不得在父兄之下而齒列焉○若公至一等○正義曰此明公與族人燕食之禮庶子掌之也則異姓爲賓燕飲必須禮儀獻酬交酢故宜立賓以行禮也但公欲與族人相親若使族人爲賓賓禮疏隔故用異姓爲賓也膳宰爲主人者既有其賓賓必對主人而君尊不宜敵賓故使供膳之宰以爲主人對於賓使得抗禮酬酢也若與異姓燕飲則燕禮云宰夫爲獻主故注云君尊不獻酒○公與父兄齒者公既不爲主族人又不爲賓故列位在父兄之坐上與族人相齒見親親也○族食世降一等者族食謂與族人燕食也族人既有親疏燕食亦隨世降殺也○注親者至者希○正義曰假令本是齊衰一年四會食若大功則一年三會食小功則一年二會食緦麻則一年一會食是世降一等也

○其在軍則守於公禰謂從軍者公禰行主也所以遷主言禰在外親也公若有出疆之政謂朝覲會同也○疆居良反○庶子以公族之無事者守於公宮正室守大廟正室適子也大廟大祖之廟○守如字又手又反下同○諸父守貴宮貴室謂守路寢○守貴室本或作守貴宮貴室諸

子諸孫守下宮下室下宮親廟也下室燕寢或言宮或言廟通異語〔疏〕其在軍至下宮下室○正義曰此一節明庶子從行在軍及公行庶子留守之事則守於公禰者公禰謂遷主載在齊車隨公行者也庶子官既從在軍故守於公齊車之行主也行主是遷主而呼爲禰者既在國外欲依親親之辭○注謂朝覲會同也○正義曰上云在軍謂庶子之官從公出行此云公若出疆庶子不從公行在國掌其留守對上在軍故知此出疆是朝覲會同非出軍也其庶子之官公有朝覲會同不從公行既掌留守公宮若征伐出軍庶子不從公行亦是所掌留守之事○注正室至之廟○正義曰經云庶子以公族之無事者守於公宮者與下文爲揔正室守大廟以下文各言其別無事謂不從行及無職事者正室適子也者謂公卿大夫之適子也案公羊傳云周公稱大廟周公是魯之始祖故知其餘諸侯大廟皆大祖之廟也○注謂守路寢○正義曰以下云下宮上云大廟此貴宮貴室既非大廟又非下宮下室唯當路寢也指其院宇謂之宮指其所居之處謂之室爾雅云宮謂之室室謂之宮此貴宮貴室揔據路寢皇氏云或俗本無貴宮者定本有貴宮○注下宮至異語○正義曰上云大廟此云下宮除大廟之外唯有親廟高祖以下故云下宮

親廟也上云貴室此又云下室故知燕寢也云或言宮則下宮也或言廟則大廟也故春秋云立武宮明堂位云武公之廟武世室也是適異語也此云諸父及諸子諸孫者未審爲是君之諸父及諸子孫之行爲當是見任卿大夫者之諸父子孫也然鄭解正室適子不云世子則卿大夫之適子則諸父子孫亦謂卿大夫之諸父子孫也不云諸兄諸弟者蓋諸兄從諸父諸弟從子孫也○五廟之孫祖廟未毁雖爲庶人冠取。妻必告死必赴練祥則告赴告於君也實四廟孫而言五廟者容顯考爲始封子也○冠古亂反取七喻反後放此族之相爲也宜弔不弔宜免不免有司罰之弔謂六世以往免謂五世○爲于僞反下爲君同免音問下及注同至于賵賻承含皆有正焉承讀爲贈聲之誤也正正禮也○賵芳鳳切下同賻音附承音贈出注含胡暗反本又作唅賵賻唅禭皆贈喪之物也車馬曰賵布帛曰賻珠玉曰唅衣服曰禭揔謂之贈贈猶送也

【疏】五廟至有正焉○正義曰此論族人雖或至賤吉凶必須相告弔賵含贈皆當有正禮庶子掌

其正焉○皆有正焉者正謂正禮庶子之官治之使賵賻贈含隨其親疏各有正禮○注實四至子也○正義曰經云祖廟未毀謂同高祖若高祖以下唯有四廟今云五廟故云容顯考爲始封子是高祖爲四世也其五世祖是始封之君自五世以下其廟不毀故爲五廟也○注弔謂至五世○正義曰六世以往者從六世以至百世但有弔禮故言以往四世同高祖有緦麻之親五世則親盡但有袒免故云免謂五世也○注承讀至禮也○正義曰承文在賻含之閒則贈含之類故以承爲贈云正正禮也者謂庶子之官正之以禮非訓正爲禮也庶子之官治之使賵賻隨其親疏各有正禮賵賻含襚皆贈喪之物賵車馬賻財帛含珠玉襚衣服摠謂之贈贈送也

公族其有死罪則磬于甸人不於市朝者隱之也甸人掌郊野之官縣縊殺之曰磬○甸大遍反縣音玄縊一智反○

其刑罪則纖剸亦告于甸人纖讀爲殲殲刺也剸割也宮割臏墨劓刖皆以刀鋸刺割人體也告讀爲鞫讀書用法曰鞫○纖依注音殲之林反徐子廉反注本或作殲讀爲殲者是依徐音而改也剸之兗反告依注作鞫久六反刺七以反又七智反下同臏頻忍反徐扶忍反鋸徐音據

公族無宮

刑 宮割淫刑 獄成有司讞于公其死罪則曰某之罪在大辟其刑罪則曰某之罪在小辟 成平也讞之言白也辟亦罪也○讞徐魚列反言也辟婢亦反後不音者放此 公曰宥之 宥寬也欲寬其罪出於刑也○宥音又 有司又曰在辟公又曰宥之 又復也○復扶又反下不復復自行皆同 有司又曰在辟及三宥不對走出致刑于甸人 對荅也先者君每言宥則荅之以將更寬之至於三罪定不復荅走往刑之為君之恩無已 公又使人追之曰雖然必赦之有司對曰無及也 罪既正不可宥乃欲赦之重刑殺其類也 反命于公 白已刑殺 公素服不舉為之變如其倫之喪無服 素服於凶事為吉於吉事為凶非喪服也君雖不服臣卿大夫死則皮弁錫衰以居往弔當事則弁絰於士盖疑衰同姓則緦衰以弔之今無服者

不往弔也倫謂親疏之比也素服亦皮弁矣○爲之于僞反下不爲服爲𥘵祖注非爲又爲之舞同比必利反**親**

哭之不往弔爲位哭之而已君於臣使有司哭之○【疏】公族至哭之○正義曰此一節論公之同族有

死刑之罪有司行法之事及公爲之貶降之禮○公族其有
死罪則磬于甸人者甸人掌郊野之官又云磬盡也磬謂縣
縊殺于甸人之官令其性命磬盡也○其刑至甸人○謂族
人犯刑罪者欲纖刺剸割之時亦鞫讀刑法之書於甸人之
官也○公族無宮刑者雖犯宮刑不得行宮刑○獄成有司
讞于公者成平也讞言白也謂獄斷既平定其罪狀有司以
此成辭言白於公若其所犯死罪白公之時則曰某之罪在
大辟其犯刑罪則曰某之罪在小辟公曰宥之○公既得有
司之白此公族之親則公更言曰寬宥之以法商量使從其
寬也有司又曰在辟○有司既得公言更往平審理無可出
也有司又更自公言罪在大辟公又曰宥之有司又曰在大
辟○及三宥○有司執法又曰在大辟公又曰宥之凡三宥
也初有司白公公令寬宥則荅公將更寬宥及公遣三宥之
後爲公意無已有司不復對公則走出致此刑死之事於甸
人也○公又使人追之○謂追止行刑殺之人云雖然必赦
之然猶如是雖罪重如是必更寬宥赦其刑殺也有司對曰

無及也言其追之不可及也公素服不舉爲之變如其倫之喪無服者謂公身著素服衣裳皆素不舉饌食爲之變其常禮如其親疏倫輩之喪身不往弔無弔服也乃親自哭之於異姓之廟○注縣縊殺之曰磬○正義曰磬謂磬盡也左傳云室如縣磬杜預云磬盡也皇氏云如縣樂器之磬也○注纖讀至曰鞠○正義曰案魯語云小刑用鑽鑿次刑用刀鋸案墨刑刻其面是用鑽鑿也其宮劓之屬則劓割也故云宮割臏墨劓刖皆以刀鋸刺割人體也云告讀爲鞠讀書用法曰鞠者以刑之殺人皆於甸師氏何得唯告而已故以爲鞠漢書每云鞠獄是也讀書讀囚人之所犯罪狀之書用法謂其法律平斷其罪鞠盡也謂推審其罪狀令盡也今言公族雖無宮刑但髡去其髮也○注罪既至類也○正義曰罪既正定不可宥謂罪當正條無可赦宥之理君今乃更欲赦之者是重慎刑殺其族類也○注白至刑殺○正義曰公不遣刑而云反命于公者祗謂行刑者反廻而來告已刑殺之命言於公○注素服至弁矣○正義曰案下曲禮重素鄭云重素衣裳皆素謂之重素素爲衣裳也此素服亦然也於凶事爲吉者人以凶事用布今乃用素是比於凶事爲吉也於吉事爲凶者吉時皮弁服白布深衣素積裳以采爲領緣今唯素服衣裳是比吉事爲凶也非如五服之限故云非喪服也

云君雖不服至弁絰者並服問文也云於士蓋疑衰同姓則緦衰以弔之者案司服云王爲三公六卿錫衰爲諸侯緦衰爲大夫士疑衰是疑衰輕於錫衰諸侯爲卿大夫既錫衰士宜卑降故疑衰但士有同姓異姓故以同姓爲緦衰異姓爲疑衰知諸侯亦有三衰者以司服王有三衰又云上公如王之服轉次相加故知諸侯亦有三衰也此云君弔士疑衰案士喪禮公視斂注云主人成服之後往則錫衰者彼謂士有俊選於君有師友之恩與常士不同故錫衰也或於諸侯弔士無文因諸侯弔必錫衰無明文故注士喪禮爲錫衰也云素服亦皮弁矣者諸侯亦爲卿大夫弔服皮弁錫衰今此但云素服不言素冠故云亦皮弁也譙周云此素服著素冠非鄭義也○注君於至哭之○正義曰案檀弓云天子之哭諸侯爵弁絰紂衣或曰使有司哭之是也○公族朝于内朝内親也雖有貴者以齒明父子也謂以宗族事會外朝以官體異姓也體猶連結也宗廟之中以爵爲位崇德也崇高也○宗人授事以官尊賢也官各有能登餕受爵以

上嗣尊祖之道也上嗣祖之正統喪紀以服之輕重爲序不奪人親也紀猶事也公與族燕則以齒而孝弟之道達矣以至尊不自異於親之列其族食世降一等親親之殺也殺差也○殺色戒反徐所例反差初佳反徐初宜反戰則守於公禰孝愛之深也行主君父之象正室守大廟尊宗室而君臣之道著矣以其不敢以庶守君所重諸父諸兄守貴室子弟守下室而讓道達矣以其貴者守貴賤者守賤上言父子孫此言兄弟互相備也○【疏】公族至達矣○正義曰此謂第三節中之下節覆明在上公族九條之義○公族朝于內朝內親也此覆釋前第一條言公族所以朝于內朝者其內親也欲使親在其內故於內朝也○雖有貴者以齒明父子也者此覆釋在上第二條言宗族在內朝雖貴猶與賤者計年以爲齒列者欲明父子昭穆之本恩故也○外朝以

官體異姓也者此覆釋在上第三條也若族人在外朝則不
復計年各隨官爲次者外朝主尊別。不得以私恩爲異故雖
族人悉以計爵爲位是欲與異姓相連結以爲體也宗廟之
中以爵爲位崇德也者覆釋上第四條也所以在廟中行禮
時不計年而以官爵列位者爵以德序而廟中行禮時是先
祖尊嚴之所所主在德不可私恩故列爵爲位是崇高於有
德也○宗人授事以官尊賢也者此覆釋廟中所以授事必
隨官序司徒奉牛之屬者官由賢能而興今欲尊崇此賢故
授事以表之也○登餕受爵則以上嗣尊祖之道也者此覆
釋所以登餕受爵用適子者夫祭祀是尊嚴於祖也適子是
先祖之正體故使受爵於尸及升餕尸饌是尊祖之道理也
喪紀以服之輕重爲序不奪人親也者此覆釋前第五條臣
服君皆斬而已又以本輕者爲下本重者爲上不計爵尊卑
爲次序者是不奪人本親之恩故輕重爲序也○公與族燕
則以齒而孝弟之道達矣者此覆釋前第六條公所以降已
尊而與族人燕會齒列是欲使孝弟之道。通達於下也君尚
有親而與族人燕則民有親屬者豈得相責棄此孝弟之道
達於下也○其族人至殺也者此覆釋族食之事近者食稠遠
者食希每世降一等是親親之殺也○戰則守於公禰孝愛
之深也者此覆釋前第七條公在軍戰伐之事而載遷主將

行又使庶子官主守之者是爲孝愛情深故也載主將行示不自專是孝也使守而尊之是愛也乃是孝愛之深也○正室守大廟尊宗室者此覆釋所以遣適子守大廟適子是宗室之正大廟是祖之正用適子守大廟是尊於宗及廟之室故也○而君臣之道著矣者臣下不敢以庶賤之人守君所重是君臣之道著明也○諸父諸兄守貴室子弟守下室而讓道達矣者此覆釋前諸父諸子諸孫守貴宮下室之事而貴者守貴賤者守賤賤者讓於貴貴者不相陵犯是讓道達也

○五廟之孫祖廟未毁雖及庶人冠取妻必告死必赴不忘親也親未絶而列於庶人賤無能也敬弔臨賻賵睦友之道也古者庶子之官治而邦國有倫邦國有倫而衆鄉方矣鄉方言知所鄉○臨如字徐力鴆反治直吏反鄉許亮反注同公族之罪雖親不以犯有司正術也所以體百姓也犯猶干也術法也○百姓本或作異

姓非刑于隱者不與國人慮兄弟也弗弔弗爲服哭于異姓之廟爲忝祖遠之也素服居外不聽樂私喪之也骨肉之親無絕也公族無宮刑不翦其類也翦割截也○遠于萬反

疏五廟至類也○正義曰此覆釋前第八條祖廟未毀雖及庶人冠取妻必告死必赴之事所以○告必赴者君不以貴仍統於親故族人有事告赴是不忘親也○親未絕而列於庶人賤無能也○此解既與君有親何得爲庶人者賤其無能也○敬弔臨賻賵睦友之道也者此覆釋前宜弔不弔宜免不免及賵賻必有正焉之事言君敬重弔臨賵賻不使闕失者是君親睦和友之道也○古者庶子之官治而邦國有倫者此合結須庶子官義也不待於第九條覆而先在第八結者第九是罪惡之事今結邦國之功不宜與罪惡相連故於此結也倫理也言庶子官治則邦國治理也○邦國有倫而衆鄉方矣者若邦國治理則天下之人衆皆知其所鄉之方矣○公族之罪雖親不以犯有司正術也者此釋前第九條也犯干也有司獄官也術法也公

族之親有罪公應宜放赦之而猶在五刑者國立有司之官以法齊治一切今不可以私親之罪而干壞有司之正法也○所以體百姓也者此解公所以不干有司正法義也法無二制故雖公族之親猶治之與百姓爲一體不得獨有私也○刑于隱者不與國人慮兄弟也者此覆釋上致刑于甸人之事若異姓則刑之於市此同姓刑於甸師隱僻之處者不與國人謀慮兄弟也○弗弔弗爲服哭于異姓之廟爲忝祖遠之也者此覆釋上無服及公親哭之事所以不弔无服哭於異姓之廟者爲其犯罪忝辱先祖於公法合疏遠之也素服居外不聽樂私喪之也骨肉之親無絶也者覆釋上君爲之素服爲之變之事所以素服居在外寢不在內又不聽樂爲之變常者以其實是已親私心喪之也所以私喪之者骨肉之親雖犯刑戮無斷絶之理故也○公族無宫刑不翦其類也者覆釋上公族無宫刑所以無宫刑者不可翦其同類也上公族無宫刑在哭與素服之前此在哭與素服之後此覆說刑殺之後君則哭之及素服文相連接待其事終然後別釋公族無宫刑故在後也○注翦割截也○正義曰公族既無宫刑當髡去其髮故掌戮云髡者使守積鄭康成注法云謂同族不宫者是也

○天子視學大昕鼓徵所以警衆也

早昧爽擊鼓以召衆也警猶起也周禮凡用樂大胥以鼓徵學士○昕音欣說文云旦明日將出也讀若希警音景衆至然後天子至乃命有司行事興秩節祭先師先聖焉興猶舉也秩常也節猶禮也使有司攝其事舉常禮祭先師先聖不親祭之者視學觀禮耳非為彼報也有司卒事反命告祭畢也祭畢天子乃入始之養也又之養老之處凡大合樂必遂養老是以往焉言始始立學也○養如字徐羊尚反後皆依徐音處昌慮反下同○適東序釋奠於先老親奠之者已所有事也養老東序則是視學於上庠遂設三老五更羣老之席位焉三老五更各一人也皆年老更事致仕者也天子以父兄養之示天下之孝悌也名以三五者取象三辰五星天所因以照明天下者羣老無數其禮亡以鄉飲酒禮言之席位之處則三老如賓五更如介羣老如衆賓必也○更江衡反注同蔡作叟音素口反○適饌省醴養老之珍具親視其所有○遂發咏焉退脩之以孝

養也發咏謂以樂納之退脩之謂既迎而入獻之以禮獻畢而樂闋反登歌清廟反謂獻羣老畢皆升就席也反就席乃席正於西階上歌清廟以樂之。既歌而語以成之也言父子君臣長幼之道合德音之致禮之大者也既歌謂樂正告正歌備也語談說也歌備而旅旅而說父子君臣長幼之道諸合樂之所美以成其意鄉射記曰古者於旅也語下管象舞大武大合衆以事達有神興有德也象周武王伐紂之樂也以管播其聲又爲之舞皆於堂下衆謂所合學士也達有神明天授命周家之有神也興有德美文王武王有德師樂爲用前歌後舞正君臣之位貴賤之等焉而上下之義行矣由清廟與武也有司告以樂闋闋終也告君以歌舞之樂終此所告者謂無筭樂。王乃命公侯伯子男及羣吏曰反養老幼于東序終之以仁也羣吏鄉遂之官王於燕之末而命諸侯時朝會在此者各反養老如此禮是終其仁心孝經說所謂諸侯歸各帥於國大夫勤於朝州里驩於邑是也○驩皇音冀冀及也本又作愷又作駿駿亦作驥〔疏〕天子視學大昕鼓所以警衆也至之以仁也○正義曰此一節是第四節中之上節論天子視學必遂養老之法則養老既畢乃命諸侯羣吏令養老之事天子視學者謂仲春合舞季春合樂仲秋合聲於此之時天子親往視學也大昕鼓徵者謂視學之晨大猶初也昕猶明也徵猶召也謂初始昕明擊鼓以召學士所以警衆者初昕擊鼓警動衆人令早起也○衆至然後天子至者衆人既聞鼓聲而起先至會聚之處然後天子始至尊者體盤故也○乃命有司行事興秩節者天子既至乃命遣有司行此釋奠之事興舉也秩常也節禮也謂與舉尋常舊禮以祭先師先聖焉有司則詩書禮樂之教官也○有司卒事反命者卒事謂終卒釋奠之事行事畢而反命於天子于時天子視學在虞庠之中有司釋奠既畢天子乃從虞庠入反於國明日乃之東序而養老故云始之養也○適東序釋奠於先老者若其尋常視學則於東膠中唯行養老之禮若始立學既視學畢則適之養老之處東序之中天子親自釋奠於先世之老祀先老既畢遂設三老五更羣老之席位焉○禮先老畢

遂之於東序中設三老五更羣老之席位焉若非始立學則不釋奠於先老也○適饌省醴養老之珍具者布席既畢大子親適陳饌之處省視醴酒并省視養老之珍具遂發咏焉者省具既畢出迎三老五更將入門之時遂作樂聲發其歌咏以樂納之也○退脩之以孝養也○謂三老五更入而即位於西階下天子乃退酌醴獻之以脩行孝養之道也○反登歌清廟者反謂反席三老五更羣老初受獻畢皆立於西階下東面今皆反升就席乃使工登堂上西階北面歌清廟之詩以樂之也既歌而語以成之也者謂既歌清廟之後則至旅酬之節語謂談說善道以成就天子養老之義也言父子君臣長幼之道者所談說善言論父子君臣長幼尊卑上下之道理也○合德音之致者德音謂歌清廟之詩文王道德之音致謂致極也言說父子君臣長幼之道理合會清廟文王道德音聲理之至極也○禮之大者也言登歌清廟語說父子君臣之道是禮之大者也○下管象舞大武者謂登歌之後笙入立於堂下象謂象武王伐紂之樂堂下管中奏此象武之曲庭中舞此大武之舞大武即象也變文耳○大合衆以事者衆謂大會聚學士以登歌下管之事○達有神者謂歌舞其樂明達上天授命周家之有神也興有德者興謂發起文王武王之有德使衆前歌後舞也○正君臣之位貴

賤之等焉者登歌清廟文王詩也君詩在上下管象是武王
詩臣詩在下是正君臣之位貴賤之等也○而上下之義行矣
者既以此教上下衆知之是上下之義行於衆庶也○有司告
以樂闋者闋終也謂養老之末無算樂之終也有司告王以
樂終○王乃命公侯伯子男及羣吏者於時諸侯及鄉遂之
吏在此席王燕末乃告之令其養老幼也○日反養老幼于
東序者此則王所告諸侯之辭也令其各反其國養老幼如
我於東序之禮也○終之以仁也者謂仁恩王家恒自養老
是仁恩也又令諸侯州里而行養老是終之以仁謂仁恩之
心也○注早昧至學士○正義曰經云大昕昕明也恐是盛
明之時故云早昧爽之前凡物以初爲大以末爲小必知早
昧爽者以云鼓徵衆至然後天子至若其盛明始召學士則
晚矣○注興猶至報也○正義曰秩常也釋詁文也云舉常
禮祭先師先聖者此謂因大合樂之時在虞庠之中祭先師
先聖也若四時常奠各於其學之中又不祭先聖也云視學
觀禮耳非爲彼報也者解天子不親釋奠之意所以視學者
觀看有司行禮耳非是爲彼學士而報先聖先師也○注凡
大至學也○正義曰言凡大合樂必遂養老者爲其養老是
以往焉大合樂者鄭前注春合舞秋合聲爲大合樂其實月
令季春合樂亦是也云言始始立學也者以上文稱云始立

學故以此始爲始立學若然始立學則之養老而尋常視學
則不養老何得云凡大合樂必遂養老者然此云始之養也爲
下釋奠於先老之學故云始立學也若非始立學之後則視
學凢養老於東膠不釋奠於先老也皇氏云若尋常視學則
養老於東膠若始立學則養老於東序以爲周立三代之學
又立周之大學於東謂之東膠立小學於西郊謂之虞庠故
以東膠別也○注三老至必也○正義曰三老五更各一人
蔡邕以爲更字爲叟叟老稱又以三老爲三人五更爲五人
非鄭義也今所不取云皆年老更事致仕者三老亦有更名
五更亦有老稱但尊此老名特屬三老耳以其天子父兄所
事故知致仕者知天子以父兄養之者以天子冕而總干而
舞執醬而饋是父兄事也云取象三辰五星者三辰謂日月
星五星謂東方歲星南方熒惑西方大白北方辰星中央鎮
星其三辰之星者二十八宿及諸星也云三老如賓五更如
介者案鄉飲酒注數席席賓席牖前南面介席西階上東面是
也云羣老如衆賓必也者三老既如賓五更既如介故羣老
如衆賓以其無文故云必也案鄉飲酒注席衆賓於賓之西
南面各特焉是也○注發咏至樂闋○正義曰此文承設席
省醴之後也云發咏以大射之禮約之當納賓之節案大射
賓入及庭奏肆夏此養老既尊故用兩君敵禮人門即奏肆

夏故仲尼燕居云入門而縣興是也云退俗之謂既迎而入獻之以醴者謂迎老更就位主人乃退酌醴獻之也○注反就至樂之○正義曰知反就席乃席工於西階上者約鄉飲酒禮文知之也○注既歌至也語○正義曰案鄉飲酒合歌之後乃下管間歌合樂之後樂正告云正歌備定本云正歌云工歌備誤也工當爲正也云歌備而旅者案鄉飲酒之禮告正歌備後作相爲司正賓取觶酬主人主人酬衆賓是歌備而旅酬也旅酬之時則語說合於樂之所美以成其意者解經合德音之致樂之所美謂清廟之詩所美文王有君臣父子長幼之德今於旅之時論說君臣父子之道合會清廟所美之事以成就其升歌清廟之意○注象周至後舞○正義曰案詩維清奏象舞是武王作樂稱象也故左傳云見舞象箾南籥必知此此是武王伐紂樂者以上文云登歌清廟此云下管象下云正君臣之位上下之義故知此象爲武王樂在堂下也云師樂爲用前歌後舞者今文是泰誓之文也○注由清廟與武也○正義曰登歌清廟下管象父詩在上子詩在下故得正君臣之位貴賤之等也○注此所告者謂無筭樂○正義曰以上云登歌清廟次下管象此云告以樂闋下即云王乃命諸侯反養老是燕末之事故知樂闋者謂無筭樂也○注羣吏至是也○正義曰經云乃命公侯伯子男

又云及羣吏諸侯既爲畿外故知羣吏謂畿内鄉遂之官也云介反養老如此禮是終其仁心者此是王命諸侯羣吏使之養老如此禮謂如王家於東序之禮是終竟其仁心也云孝經說以下者孝經援神契文云諸侯歸各帥於國者諸侯還歸帥行於國云大夫勤於朝者大夫勤力行之於朝云州里驗於邑者州長里宰之官希驗慕仰行之於邑是也謂此在下奉行在上之事也。○是故聖人之記事也慮之以大謂先本於孝弟之道愛之以敬謂省其所以養老之具。行之以禮謂親迎之脩之以孝養謂親獻之薦之紀之以義謂既歌而語之終之以仁謂又以命諸侯歸於國復自行之。

【疏】是故至以仁。正義曰此一節是第四節中之下節中說視學養老之義是故聖人之記事也者方釋養老之義記事謂聖人親行養老之禮記序前代之事也慮之以大者先解初將謀慮養老之時也慮謀也大謂孝弟也言謀慮於養老之事是本於孝弟故也故云慮之以大也。愛之以敬者解適饌省醴是愛而又敬之也。行之以禮者解遂發咏焉而自迎之如見父兄之禮也。脩之以孝養者解既迎又親獻醴薦饌是脩於孝養故也○紀之以義者解既歌而語是紀錄德音之義亦有天下之大義也○終之以仁者解樂闋而又命諸臣令歸國各行此禮是終之以仁心也○是故古之人一舉事而衆皆知其德之備也古之君子舉大事必慎其終始而衆安得不喻焉言其爲之本末露見盡可得而知也喻猶曉也兌命曰念終始典于學兌當爲說說命書篇名殷高宗之臣傅說之所作典常也念事之終始常於學學禮義之府○兌注作說同音悅○【疏】是故至于學○正義曰此亦是第四節中之下節覆說養老而在下衆庶知道德之備其在學乎一舉事而衆皆知其德之備者謂一舉養老之事以示於下而衆皆知其在上道德備具其備具者則上慮之以大愛之以敬行之以禮之屬是也○古之君子舉大事必慎其終始者大事謂養老初則慮之以大是慎其始末則終之以仁是慎其終也而衆安得不喻焉聖人養老既慎其本末終始一一露見盡以示衆庶而衆何得不曉喻焉言衆皆曉喻養老之德也○兌命曰念終始典于學者兌命尚書篇名殷高宗之臣傳說所作

錄記者既美養老終始而衆得曉喻是由學而來故引兖命學爲可重之事以結之云念終始者言人君念錄事之終始常在於學中念之以學爲禮義之府故聖人於中而行養老之禮是念終始常於學也○注兖當至之府○正義曰案尚書序云高宗夢傳說得諸傳岩作說命三篇故知兖當爲說也典常也釋詁文

世子之記曰朝夕至于大寢之門外問於内豎曰今日安否何如朝夕朝朝暮夕也日中又朝文王之爲世子非禮之制世子之禮亡言此存其記○朝夕至于直遥反旦曰朝暮曰夕旹如字朝朝上如字下文朝夕之食上同下直遥反○内豎曰今日安世子乃有喜色其有不安節則内豎以告世子世子色憂不滿容色憂憂淺也不及文王行不能正履内豎言復初然後亦復初朝夕之食上世子必在視寒煖之節食下問所膳羞必知所進以命膳宰然

後退羞必知所進必知親所食○上時掌反○若內豎言疾則世子親齊玄而養親猶自也養疾者齊玄玄冠玄端也○齊側皆反注同○膳宰之饌必敬視之疾者之食齊和所欲或異○齊才細反和胡卧反○疾之藥必親嘗之試毒味也嘗饌善則世子亦能食善謂多於前○嘗饌寡世子亦不能飽又不及武王一飯再飯○以至于復初然後亦復初復常所服

〔疏〕世子至復初○正義曰此第三節也以文王爲世子是聖人之法也不可以爲常行故此記尋常世子之禮也○則世子親齊玄而養者內豎既言有疾則世子親自齊戒衣玄冠玄端而養也○注親猶至端也○正義曰經云親齊恐是世子親視齊戒之事非身自爲故云親猶自也以其玄冠而養是世子自養故知齊是世子自齊也云齊玄玄冠玄端也以經直云齊玄故知冠衣皆玄也是以爲玄冠玄端此則齊服故玉藻云玄冠丹組纓諸侯之齊冠也玄冠綦組纓士之齊冠也玄端其衣則緇布衣也謂之端者端正也其制正幅袂二尺

二寸袪尺二寸鄭注玉藻云天子諸侯玄端朱裳大夫素裳士冠禮上士玄端玄裳中士玄端黃裳下士玄端雜裳齊必用玄者玄是陰之色陰氣靜齊亦靜故用玄也

附釋音禮記注疏卷第二十

江西南昌府學栞

禮記注疏卷二十挍勘記　阮元撰盧宣旬摘録

附釋音禮記注疏卷第二十 惠棟挍宋本禮記正義卷第二十八

文王世子第八

論在上敎下說庠序 閩監毛本同浦鏜挍說改設

文王之爲世子節 惠棟挍云文王節食上節宋本合爲一節

文王至復初 閩監毛本同惠棟挍宋本復初作日三

食上節

食上必在視寒煖之節 閩監本同石經同岳本同嘉靖本同衞氏集說同毛本煖作暖

武王不說冠帶而養 閩監毛本同石經同岳本同嘉靖本同衞氏集說同釋文出不稅云本亦作脫又作說正義本作說。按依說文當作挩从手兊聲

食上必在視寒煖之節食下問所膳至乃間 閩監毛本同惠棟挍宋本作食上至後退五字

是庶幾爲慕尚之義 閩監本同毛本是誤尙考文云宋板是字同惠棟挍宋本慕作尊

其間有空隙故云 惠棟挍宋本如此衞氏集說同此本隙下衍病字閩監毛本同

文王謂武王曰節

夢帝與我九齡 閩監毛本同石經同岳本同嘉靖本同衞氏集說同釋文出九聆云本亦作齡正義以皇氏解九齡爲鈴鐸而云徧驗書本齡皆從齒

言與爾三者 閩監毛本同岳本同嘉靖本同衞氏集說同釋文出予爾

文王至而終 惠棟挍宋本無此五字

注言天氣也至成之 閩監毛本同惠棟挍宋本無氣也二字

俱有零落之義監毛本作零是也此本零誤齒惠棟挍
宋本作齡閩本同

成王幼節

不能涖阼閩監毛本同石經同岳本同嘉靖本同衞氏集說
同釋文涖作莅注同

成王幼不能至子也惠棟挍宋本無此八字

凡學世子節惠棟挍云此節疏則四夷之樂皆教之
也四字起至下節疏養老乞言及合語
之禮語字止宋本闕

四時各有宜學岳本同嘉靖本同考文引宋板古本足利
本同閩監毛本宜上有所字衞氏集說同
盧文弨云所字當有宜字絕句否則學字當重

干盾也閩監毛本同岳本同嘉靖本同衞氏集說同釋文
出干楯考文引古本盾作楯

戈句矛戟也閩監毛本作孑岳本同衞氏集說同此本孑
誤矛嘉靖本同釋文出句孑

小樂正學干　惠棟按宋本同石經同岳本同嘉靖本同衛氏集說同閩監毛本樂誤學

舍菜合舞　閩監毛本同岳本同嘉靖本同衛氏集說同釋文出舍采云後舍采同

於功易成也　閩監毛本同岳本同嘉靖本同衛氏集說同惠棟按宋本無成字

凡學至上庠　惠棟按宋本無此五字

此一節是第二節　閩監毛本同惠棟按宋本是上有還字

謂大學也　閩監毛本同衛氏集說同惠棟按宋本大作入按入字非

鄭引詩左手執籥　考文引宋板如此此本鄭引二字倒閩監毛本同

故謂之大樂正也小樂正也　閩監毛本同惠棟按宋本無小樂正也四字衛氏集說同

是小雅鼓鍾之詩　考文引宋板同衛氏集說同閩監本鍾作鐘毛本鍾誤樂

播彼詩之音節　考文引宋板同閩監毛本彼作被

以湯伐桀　閩本同監毛本伐作於

又此學虞學也　閩監毛本同許宗彦挍改作又此學書於虞學

凡祭與養老乞言節　惠棟挍云宋本分大樂正以下另爲一節

師氏掌以美詔王　岳本同嘉靖本同考文引古本足利本同閩監毛本美作媺與周禮合衞氏集說同䟽同

云合語謂鄉射鄉飲酒大射燕射之屬也者　閩監毛本同惠棟挍宋本也作三

大樂至授數　閩監毛本同惠棟挍宋本無此五字

大司成論說在東序　閩監毛本同惠棟挍宋本無此八字

凡侍坐於大司成者節

凡侍至不問　惠棟挍宋本無此五字

辟後來問者列事未盡不問者　閩監毛本列上有○

凡學節

春官釋奠于其先師　閩監本同石經同岳本同嘉靖本同衞氏集說本同毛本于作於下必釋奠于先聖先師儐于東序同杜氏通典亦並作于

凡學至如之　惠棟挍宋本無此五字

頗能記其鏗鎗鼓舞　閩本同惠棟挍宋本同監毛本鎗作鏘

凡始立學者節

凡始至以幣　惠棟挍宋本無此五字

天子命之使立學者　惠棟按宋本同閩監毛本使作始衞氏集說同

按釁器用幣　閩監毛本同惠棟按宋本按上有今字續通解同

若諸侯正立時王一代之學　閩監毛本同衞氏集說正作止

凡釋奠者節　惠棟按云凡釋奠節宋本分大合樂以下另爲一節

若唐虞有夔伯夷　岳本同嘉靖本同惠棟按宋本同考文引古本足利本同閩監毛本夔下衍龍字衞氏集說同正義有龍字葢亦衍文通典五十三引亦作夔伯夷無龍字

明日乃息司正徵唯所欲　閩監毛本同嘉靖本同衞氏集說同岳本同正下衍云字

凡釋至養老　惠棟按宋本無此五字

凡大合樂必遂養老　惠棟按宋本無此八字

凡語于郊者節

曲藝爲小技能也閩監毛本同岳本同嘉靖本同衞氏集說爲作謂

謂小小技術閩監毛本同惠棟挍宋本術下有也字

始立學者節惠棟挍云始立學節教世子節宋本合爲一節

始立學者既興器用幣至可也惠棟挍宋本無此十二字

凡三王教世子節惠棟挍云凡三王節設四輔節昔者周公節知爲人子節抗世子法節行一物節宋本合爲一節盧文弨挍云按疏只當合設四輔爲一節其仲尼曰至行一物另爲一節

樂所以脩內也閩監本同石經同岳本同衞氏集說同毛本脩作修嘉靖本同下脩外同

立大傅少傅以養之惠棟挍宋本同石經同宋監本同岳本同嘉靖本同衞氏集說同閩監毛本大作太釋文上出大師云音泰下大學大傅大祖大寢皆同石經考文提要云宋大字本宋本九經南宋巾箱本余仁仲本劉叔剛本皆作大下大傅並同

以有四人維持之閩監毛本同岳本同嘉靖本同衛氏集說同考文引宋板有作其

凡三至疑丞惠棟挍宋本無此五字

此一節是第三節中閩監毛本同盧文弨挍三改二云按盧文弨挍是也下仲尼曰節疏當同此卷首疏分析甚明此尚是第二節

設四輔節

正義曰設四輔及三公惠棟挍宋本無正義曰三字

行一物節

然而衆知父子之道矣閩監本同石經同岳本同嘉靖本同衛氏集說同毛本之誤知

然而衆著於君臣之義也各本同正義云俗本皆云著於君臣之義而定本無著字義亦通

行一至踐阼閩監毛本同惠棟挍宋本踐阼作謂也

庶子之正節　惠棟挍云庶子節其登餕節庶子治之節其在軍節五廟節宋本合爲一節

庶子至以官　惠棟挍宋本無此五字

此一節是第四節中之上節也　閩監毛本同浦鏜挍四改三盧文弨挍云四當作三

内朝至寢庭　閩監毛本同惠棟挍宋本至作路是也

王族故士虎士　惠棟挍宋本亦作故按鄭注司士云故士故爲士晚退留宿衛者閩監本故誤旅衛氏集說同毛本誤族

故云亦司馬之屬司馬　閩監毛本同浦鏜挍云下司馬二字當衍文

官官各司其事　閩監毛本同惠棟挍宋本其作故

其登餕節

其登至上嗣○閩監毛本有此五字一○此本脫按○下諸本有正義曰三字惠棟按宋本無

庶子治之節

以次主人宋監本惠棟按宋本亦並作次閩監本同石經同岳本同嘉靖本同衞氏集說同考文引宋板古本足利本同毛本次誤俟

正義曰庶子治之惠棟按宋本無上三字

治之至行列中閩監毛本同惠棟按宋本無行字

使主人在上居喪主也閩監本同毛本上主誤王嚴杰按居疑爲字之誤

故於齊衰而稱麤也惠棟按宋本作齊此本齊誤斬閩監毛本同

則主人猶不得在父兄之下而齒列焉閩監毛本同浦鏜按作然主人亦不得下而與之序齒列

親者至者希閩監毛本同惠棟挍宋本作親者稀䟽者希

其在軍節

正室守大廟閩監毛本同岳本同嘉靖本同衞氏集説同石經大作太

諸父守貴宫貴室閩監毛本同石經同岳本同嘉靖本同衞氏集説同正義同釋文出諸父守貴室云本或作守貴宫貴室正義云皇氏云或俗本無貴宫者定本有貴宫

及諸子孫之行閩監毛本同衞氏集説同惠棟挍宋本行作後

五廟之孫節

冠取妻必告閩監毛本同石經同岳本同嘉靖本同衞氏集説同惠棟挍宋本妻下有者字考文引古本足利本取作娶無者字

贈送也惠棟挍宋本此下標禮記正義卷第二十八終記云凡二十七頁

公族其有死罪節　惠棟挍宋本自此節起至言假復問曰如此乎禮之急也節止爲第二十九卷卷首題禮記正義卷第二十九

纖讀爲殲殲刺也　閩監毛本同岳本同嘉靖本同衞氏集說同惠棟挍宋本上殲作鍼案釋文上出則纖云依注音鍼之林反刺也徐子廉反注本或作纖讀爲殲者是依徐音而改也下出鍼刺九經古義云案釋文則當云纖讀爲鍼故下注訓爲刺今本皆從徐音誤爲殲盧文弨挍云兩殲字俱當從釋文作鍼

宮割臏墨劓刖　閩監毛本同岳本同嘉靖本同衞氏集說同盧文弨挍云通考作刺割此宮字誤公族無宮刑也疏作官

欲寬其罪出於刑也　閩監毛本同岳本同嘉靖本同衞氏集說同考文引宋板欲作欽

公族至哭之　惠棟挍宋本無此五字

又云磬盡也　閩監本同考文引宋板同毛本盡字闕

左傳云室如縣罄惠棟挍宋本同閩監毛本罄作磬下杜預云罄盡也同

用法謂其法律平斷其罪閩監毛本同衞氏集說謂下有用字

公族雖無宮刑閩監毛本同浦鏜挍無改犯

公族朝于內朝節惠棟挍云公族節五廟之孫節宋本合爲一節

公族至達矣惠棟挍宋本無此五字

外朝主尊別閩監毛本同衞氏集說同許宗彥別改卑

豈得相遺棄惠棟挍宋本作遺此本遺誤責閩本同監毛本遺誤背衞氏集說云不相遺棄

五廟之孫節

五廟至類也閩監毛本同惠棟挍宋本類作親○按諸本此下有○及正義曰三字惠棟挍宋本無

所以必告必赴者惠棟挍宋本如此此本上必字脫閩監毛本同

鄭康成注云惠棟挍宋本如此此本注下衍法字閩監毛本同

天子視學節

示天下之孝悌也閩監毛本同岳本同嘉靖本同惠棟挍宋本悌作弟衞氏集說同考文云古本之作以通典六十七亦作示天下之孝悌也

退脩之閩監本同石經同岳本同衞氏集說同毛本脩作修嘉靖本同注同通典引經文亦並作脩

乃席正於西階上閩監毛本作工岳本同衞氏集說同此本工誤正嘉靖本同考文引古本足利本同通典亦作席工

既歌謂樂正告正歌備也閩監毛本同岳本同嘉靖本同衞氏集說同正義云定本云正歌云工歌備誤也工當爲正也

反養老幼于東序　閩監本同石經同岳本同嘉靖本同衛氏集說同毛本于作於陳澔集說引馮氏曰石梁先生於此經塗去幼字今按䟽有其義而鄭注無養幼之文疑是訛本竄入一字按此按是也通典六十七正作反養老于東序無幼字

王於燕之末　閩監毛本同岳本同衛氏集說同嘉靖本末誤未

天子視學大昕鼓所以警衆也至之以仁也　閩本同監毛本作天子視學至終之以仁也惠棟按宋本無此十七字

遂作樂發其歌咏　惠棟按宋本如此衛氏集說同此本樂下衍聲字閩監毛本同

退脩之以孝養也　閩監毛本同惠棟按宋本也作者

興謂發起文王武王之有德　閩監毛本同惠棟按宋本謂發起下有謂起發三字

無筭樂之終也　閩監毛本同衛氏集說同惠棟按宋本之作已

王家但自養老　惠棟按宋本作但此本但作恒閩監毛本同

是父兄事也　閩監毛本同衛氏集說事下有之字

云取象三辰五星者三辰謂日月星　閩監毛本同考文引宋板無五星者三辰五字

今文是泰誓之文也　閩監毛本同浦鏜按云是字當在今文上

是故聖人之記事也節

是故至以仁　惠棟按宋本無此五字

是故聖人之記事也者　閩監本同毛本也者二字倒

是故古之人節

是故至于學　惠棟按宋本無此五字

世子之記曰節

又不及武王一飯再飯閩監毛本同岳本同嘉靖本同衛氏集說同考文引古本武王作文王盧文弨挍云作文王是疏只言文王

世子至復初惠棟挍宋本無此五字

故知冠衣皆元也閩監毛本同惠棟挍宋本皆作俱

附釋音禮記注疏卷第二十終惠棟挍宋本禮記正義卷第二十九宋監本禮記卷第六經五千七百六十四字注五千五百字嘉靖本禮記卷第六經五千七百七十二字注五千五百二十五字

禮記注疏卷二十挍勘記

附釋音禮記注疏卷第二十一

禮運第九。陸曰鄭云禮運者以其記五帝三王相變易及陰陽轉旋之道。疏正義曰按鄭目錄云名曰禮運者以其記五帝三王相變易陰陽轉旋之道此於別錄屬通論不以子游爲篇目者以曾子所問事類既煩雜不可以一理目篇子游所問唯論禮之運轉之事故以禮運爲標目耳

禮記　　鄭氏注　　孔穎達疏

昔者仲尼與於蜡賓蜡者索也歲十二月合聚萬物而索饗之亦祭宗廟時孔子仕魯在助祭之中。與音預蜡仕嫁反祭名夏曰清祀殷曰嘉平周曰蜡秦曰臘字林作䄍索所百反事畢出遊於觀之上喟然而嘆觀闕也孔子見魯君於祭禮有不備於此又覩象魏舊章之處感而嘆之。觀古亂反注同喟去位反又苦怪反說文云大息處昌慮反下同處同仲尼之嘆蓋嘆魯也言偃在側曰君子何嘆言偃孔子弟子子游孔

子曰大道之行也與三代之英丘未之逮也而有志焉大道謂五帝時也英俊選之尤者逮及也言不及見志謂識古。文不言魯事爲其大切廣言之。逮音代一音代計反選宣面反下文皆同爲于僞反下文爲已皆同。

〔疏〕昔者至而嘆。正義曰皇氏云從昔者仲尼以下至於篇末此爲四段自初至是謂小康爲第一明孔子爲禮不行而致發嘆發嘆所以最初者凡說事必須因漸故先發嘆後使弟子因而怪問則因問以荅也又自言偃復問曰如此乎禮之急至天下國家可得而正也爲第二明須禮之急前所嘆之意正在禮急故以禮急次之也又自言偃復問曰夫子之極言禮也至此禮之大成也爲第三明禮之所起前既言禮急急則宜知所起之義也又自孔子曰嗚呼哀哉訖篇末爲第四更正明孔子嘆意也以前始發未得自言嘆意而言偃有問即隨問而荅荅事既畢故更備述所懷也今此第一段明孔子發嘆遂論五帝三王道德優劣之事各隨文解之。昔者仲尼與於蜡賓者謂仲尼與於蜡祭之賓也事畢者謂蜡祭畢了。出遊於觀之上者謂出廟門往雉門雉門有兩觀皇氏云登遊於觀之上熊氏云謂遊目看於觀之上喟然而嘆者喟是嘆之形貌言口輔喟然而爲嘆也○注蜡者至之中○正義曰蜡者索也歲十二月合聚萬物而索饗之者郊特牲文十二月者據周言之若以夏正言之則十月以殷言之則十一月謂建亥之月也以萬物功成報之云亦祭宗廟者以月令孟冬云祈來年于天宗大割祠于公社及門閭臘先祖五祀以臘先祖故云亦祭宗廟捴而言之謂之爲蜡若析而言之祭百神曰蜡祭宗廟曰息民故鄭注郊特牲云息民與蜡異此據捴而言之故祭宗廟而云與於蜡賓也廣雅云夏曰清祀以清絜祭祀殷曰嘉平嘉善也平成也以歲終萬物善成就而報功其蜡與臘名巳具於上知此蜡是祭宗廟者以下云出遊於觀之上故知是祭宗廟也云時孔子仕魯在助祭之中者以其與蜡祭故知仕魯也魯臣而稱賓者以祭祀欲以賓客爲榮故雖臣亦稱賓也○注觀闕至嘆之○正義曰爾雅·釋宫云觀謂之闕孫炎云宫門雙闕者舊縣法象使民觀之處因謂之闕熊氏云當門闕處以通行路旣言雙闕明是門之兩旁相對爲雙熊氏得焉自虎通云闕是闕疑義亦相兼案何休注公羊天子兩觀外闕諸侯臺門則諸侯不得有闕魯有闕者魯以天子之禮故得有之也公羊傳云設兩觀乘大路此皆天子之禮是也案定二年雉門災及兩觀魯之宗廟在雉門外左孔子出廟門而來至雉門遊於觀此觀又名象魏以其縣法象

魏巍也其處巍巍高大故哀三年桓宮災季桓子至御公立
于象魏之外命藏象魏曰舊章不可亡也熊氏云天子藏舊
章於明堂諸侯藏於祖廟知者以天子視朔于明堂諸侯於
祖廟故也穀梁傳云天子班告朔于諸侯諸侯受乎禰廟非
鄭義也云感而嘆之者一感魯君之失禮二感舊章廢棄故
爲嘆也○仲尼至何嘆○作記者言其所嘆之由又言其所
嘆之事故云仲尼之嘆蓋嘆魯也言蓋者謙爲疑辭不即指
正也於時言偃在側而問之曰君子何嘆言嘆恨何事不云
孔子而云君子者以論語云君子坦蕩蕩不應有嘆也故云
君子何嘆○注言偃至子游○正義曰案仲尼弟子傳云姓
言名偃字子游魯人也○孔子至志焉○孔子既見子游所
問若指言魯失禮恐其大切故廣言五帝以下及三王盛衰
之事此一經孔子自序雖不及見前代而有志記之書披覽
可知自大道之行至是謂大同論五帝之善自大道既隱至
是謂小康論三王之後今此經云大道之行也謂廣大道德
之行五帝時也○與三代之英者英謂英異并與夏殷周三
代英異之主若禹湯文武等○丘未之逮也者未猶不也逮
猶及也言生於周衰身不及見上代不能備知雖然不見大
道三代之事而有志記之書焉披覽此書尚可知於前代也
○注大道至言之○正義曰以下云禹湯文武成王周公此

大道在禹湯之前故爲五帝時也云英俊選之尤者案辨名記云倍人曰茂十人曰選倍選曰俊千人曰英倍英曰賢萬人曰傑倍傑曰聖毛詩傳又云萬人爲英是英皆多於俊選是俊選之尤異者即禹湯文武三王之中俊異者云志謂識古文者志是記識之名古文是古代之文籍故周禮云掌四方之志春秋云其善志皆志記之書也

大道之行也天下爲公選賢與能講信脩睦公猶共也禪位授聖不家之睦親也○禪善面反○故人不獨親其親不獨子其子孝慈之道廣也使老有所終壯有所用幼有所長矜寡孤獨廢疾者皆有所養無匱乏也○長丁丈反矜古頑反匱其魏反○男有分分猶職也○分扶問反注同○女有歸皆得良奧之家○奧烏報反○貨惡其弃於地也不必藏於己力惡其不出於身也不必爲己勞事不憚施無吝心仁厚之教也○惡烏故反下同憚大旦反吝力刃反又力覲反是故

謀閉而不興盜竊亂賊而不作尚辭讓之故也。故外戶而不閉禦風氣而已。是謂大同同猶和也平也〔疏〕大道至同○正義曰既云見其遺記此以下說記中之事故此先明五帝時也○天下爲公謂天子位也爲公謂揖讓而授聖德不私傳子孫即廢朱均而用舜禹是也○選賢與能者鄉明不私傳天位此明不世諸侯也國不傳世唯選賢與能也黜四凶舉十六相之類是也鄭注鄉大夫云賢者有德行者能者有道藝者四凶共工驩兜鯀三苗十六相八元謂伯奮仲堪叔獻季仲伯虎仲熊叔豹季貍八愷謂蒼舒隤敳檮戭大臨尨降庭堅仲容叔達也○講信脩睦者講談說也信不欺也脩習睦親也世淳無欺談說輒有信也故哀公問周豐云有虞氏未施信於民而民信之是也又凡所行習皆親睦也故孝經云民用和睦是也○故人不獨親其親不獨子其子者君既無私言信行睦故人法之而不獨親己親不獨子己子使老有所終者既四海如一無所獨親故天下之老者皆得贍養終其餘年也○壯有所用者壯謂年齒盛壯者也所用謂不愛其力以奉老幼也亦重任分輕任并班白者不提挈是也○幼有所長者無所獨子故天下之幼皆獲養長以成人也○矜寡孤獨廢

疾者皆有所養者壯不愛力故四者無告及有疾者皆獲恤
養也○男有分者分職也無才者耕有能者仕各當其職無
失分也○女有歸者女謂嫁爲歸君上有道不爲失時故有
歸也若失時者則詩衛女淫奔期我乎桑中要我乎上宮是
失時也故注云皆得良奧之家○貨惡其弃於地也不必藏
於巳者貨謂財貨也既天下共之不獨藏府庫但若人不收
錄弃擲山林則物壞世窮無所資用故各收寶而藏之是惡
棄地耳非是藏之爲巳有乏者便與也○力惡其不出於身
也不必爲巳者力謂爲事用力言凡所事不憚劬勞而各竭
筋力者正是惡於相欺惜力不出於身耳非是欲自營贍故
云不必爲巳也○是故謀閉而不興者謀興起也夫謀之所起
本爲鄙詐今既天下一心如親如子故圖謀之事閉塞而不
起也盜竊亂賊而不作者有乏輒與則盜竊焉施有能必位
則亂賊何起作也○故外戶而不閉者屛從外闔也不閉者
不用關閉之也重門擊柝本禦暴客既無盜竊亂賊則戶無
侯於閉也但爲風塵入寢故設屛耳無所捍拒故從外而掩
也○是謂大同者率土皆然故曰大同○注禪位至親也○
正義曰禪位授聖謂堯授舜也不家之者謂不以天位爲己
家之有授子也天位尚不爲己有諸侯公卿大夫之位灼然
與天下共之故選賢與能也己子不才可捨子立他人之子

則廢朱均而禪舜禹是也然已親不賢豈可廢已親而事他人之親但位是天位子是卑下可以捨子立他人之子親是尊高未必有位無容廢已之親而事他親但事他親有德與已親同也案祭法有虞氏禘黃帝而郊嚳祖顓頊而宗堯配天事重不以瞽叟為祖宗此亦不獨親之義也○注勞事至教也○正義曰以經云力惡其不出於身欲得身出氣力是勞事無憚也憚難也謂不難勞事云施無吝心者經云不必藏於已財貨欲得施散是無吝留○之心先釋力然後釋財便文無義例也○今大道既隱隱猶去也天下為家傳位於子○傳丈專反各親其親各子其子貨力為已俗狹嗇○狹音洽嗇音色大人世及以為禮城郭溝池以為固亂賊繁多為此以服之也大人諸侯也禮義以為紀以正君臣以篤父子以睦兄弟以和夫婦以設制度以立田里以賢勇知以功為已故謀用是作而兵由此起以其違大道敦朴之

本也教令之稠其弊則然老子曰法令滋章盜賊多有○知音智朴普角反稠直由反○禹湯文武成王周公由此其選也由用也能用禮義以成治○治直吏反○此六君子者未有不謹於禮者也以著其義以考其信著有過刑仁講讓示民有常考成也刑猶則也○如有不由此者在埶者去衆以爲殃埶埶位也去罪退之也殃猶禍惡也○埶音世本亦作勢去羌呂反注同是謂小康康安也大道之人以禮於忠信爲薄言小安者失之則賊亂將作矣

〔疏〕今大至小康○正義曰前明五帝已竟此明三代俊英之事孔子生及三代之末故稱今也隱去也干戈攻伐各私其親是大道去也○天下爲家者父傳天位與子是用天下爲家也禹爲其始也○各親其親各子其子者君以天位爲家故四海各親親而子子也○貨力爲己者藏貨爲身出力贍己○大人世及以爲禮者大人謂諸侯也世及諸侯傳位自與家也父子曰世兄弟曰及謂父傳與子無子則兄傳與弟也以此爲禮也然五帝猶行德

不以爲禮三王行爲禮之禮故五帝不言禮而三王云以爲禮也城郭溝池以爲固者城內城郭外○也溝池城之壍既私位獨傳則更相爭奪所以爲此城郭溝池以自衛固也○禮義以爲紀者紀綱紀也五帝以大道爲紀而三王則用禮義爲紀也○以正君臣以篤父子以睦兄弟以和夫婦者緣此諸事有失故並用禮義爲此以下諸事之紀也君臣義合故曰正父子天然故云篤篤厚也兄弟同氣故言睦夫婦異姓故言和謂親迎合巹之事○以設制度者又用禮義設爲宮室衣服車旗飲食上下貴賤各有多少之制度也○以立田里者田種穀稼之所里居宅之地貴賤異品○以賢勇知者賢猶崇重也既盜賊並作故須勇也○更相欺妄故須知也所以勇知之士皆被崇重也○以功爲已者立功起事不爲他人也○故謀用是作而兵由此起者故姦詐之謀用是貨力爲已而興作而戰爭之兵由此貨力爲已而發起禹湯文武成王周公由此其選也者以其時謀作兵起遞相爭戰禹湯等能以禮義成治故云由此其選由用也此謂禮義也用此禮義教化其爲三王中之英選也此六君子者未有不謹於禮者也言此聖賢六人皆謹慎於禮以行下五事也○以著其義者此以下皆謹禮之事也著明也義宜也民有失所則用禮義裁斷之使得其宜也○以考其信考成也民有相

敗則用禮成之使信也著有過者著亦明也過罪也民有罪
則用禮以照明之也○刑仁者刑則也民有仁者用禮賞之
以爲則也○講讓者民有爭奪者用禮與民講說之使推讓
也○示民有常者以禮行上五德是示見民下爲常法也然
此五德即仁義禮知信也能明有罪是知也能講推讓即是
禮也○如有不由此者在埶者去衆以爲殃者由用也去罪
退之殃禍惡也若爲君而不用上謹於禮以下五事者雖在
富貴埶位而衆人必以爲禍惡共以罪黜退之○是謂小康
者康安也行禮自衞乃得不去埶位及不爲衆所殃而比大
道爲劣故曰小安也○注大人諸侯也○正義曰上既云天
下爲家是天子之治天下也以大人世及而爲禮明大人非
天子又云世及復非卿大夫故以爲諸侯凡文各有所對易
革卦大人虎變對君子豹變故大人爲天子士相見禮云與
大人言言事君對士交云事君故以大人爲卿大夫○注教
令之稠其弊則然○正義曰以三王之時教令稠數徵責繁
多在下不堪其弊則致如此然謂謀作兵起也案史記黃帝
與蚩尤戰于涿鹿之野尚書舜征有苗則五帝有兵今此三
王之時而云兵由此起者兵設久矣但上代之時用之希少
時有所用故雖用而不言也三王之時
每事須兵兵起頻數故云兵猶此起也○言偃復問曰如

此乎禮之急也孔子曰夫禮先王以承天之
道以治人之情故失之者死得之者生詩曰
相鼠有體人而無禮人而無禮胡不遄死相視
也遄疾也言鼠之有身體如人而無禮者矣人之無禮可憎賤如鼠不如疾死之愈。復扶又反下復問同相息亮反注同遄市專反。是故夫禮必本於天殽於地列於鬼神
聖人則天之明因地之利取法度於鬼神以制禮下教令也既又祀之盡其敬也教民嚴上也鬼者精魂所歸神者引物而出謂祖廟山川五祀之屬也。殽戶教反法也徐戶交反。達於喪祭射御冠昏
朝聘民知嚴上則此禮達於下也。冠古亂反朝直遥反故聖人以禮示之
故天下國家可得而正也民知禮則易教也。易以豉反。〔疏〕言偃至正也。正義曰言偃既見夫子所云三王得禮則興失禮則亡故云禮之急也故孔子乃荅以禮所用既上以承天之道下

以治民之情不云承地者承天則承地可知。故失之者死
者言失禮則死若桀紂也。得之者生者若禹湯也引詩鄘
風者證人若。禮不如速死此詩衛文公以禮化其臣子臣子
無禮之人相視也視鼠有其形體人亦有其形體鼠無禮故
賤人人有禮故貴若人而無禮何異於鼠鼠之無禮不能損害
人之無禮傷害更多故云胡不遄死胡何也遄疾也何不疾
死無所侵害既言無禮則死又言禮之所起其本尊大故云
夫禮必本於天言聖人制禮必則於天禮從天出故云必本
於天非但本於天又殽於地殽效也言聖人制禮又效於地
天遠故言本地近故言效。列於鬼神。言聖人制禮布列效
法於鬼神謂法於鬼神以制禮聖人既法天地鬼神以制禮之本
謂制禮以教民故祀天禮地享宗廟祭山川一則報其禮之
所來之功二則教民報上之義。達於喪祭射御冠昏朝聘
者民既知嚴上之義曉達喪禮喪有君親知嚴上則哀其君
親是曉達喪禮也祭是享祀君親既知嚴上則達於祭也義射
御是防衛供御尊者人知嚴上則達於射御冠有著代之義
昏有代親之感人知嚴上則達冠昏矣朝是君之敬上聘是
臣之事君民知嚴上則達於朝聘在下既曉於此八者之禮
無教不從故聖人以禮示之故天下國家可得而正也者天
下謂天子國謂諸侯家謂卿大夫天下既從教不復爲邪故得

而正也。注聖人至屬也。正義曰則天之明因地之利昭二十五年左傳文則天之明者彼傳云爲昏媾姻亞杜預云若衆星之共辰極也猶昏媾姻亞繫於家人云因地之利者彼傳云爲君臣上下以則地義是也云取法度於鬼神者下文云降于祖廟之謂仁義謂教令由於祖廟下者謂取仁於禰取義於祖是取仁義法度於祖禰之鬼神下文云降於山川之謂興作謂教令由山川下者山川有草木鳥獸可以興作器物是取興作。於山川之鬼神也下也文又。云降於五祀之謂制度謂教令由於五祀下者此五祀之神始謂中霤門戶竈行之法後王制禮取之以爲制度是取法度於五祀之鬼神也下文又云。必本於天殽於地之後乃云祖廟山川五祀此交。本天效地之下摠云列於鬼神則鬼神之文包此三事故鄭注云謂祖廟山川五祀之屬也云以制禮下教令也者謂法天地鬼神以制禮既畢。下此禮之教令以教民故下文云殽以降命又云命降于社又云降于祖廟又云降於山川又云降于五祀降則下也謂法此等之神以下教令又祀此等之神教民嚴上故鄭。此云既又祀之盡其敬也教民嚴上也云鬼者精魂所歸神引物而出者謂之宗廟山川五祀據其精魂歸藏不知其所則謂之鬼宗廟能引出仁義山川能引出興作五祀能引出制度又俱能引出福慶謂之神也三者皆爲鬼神故下文云聖。聖人參於天地並於鬼神又云山川所以儐鬼神是山川稱鬼神也皇氏以此鬼神謂宗廟山川五祀其義非也。○言偃復問曰：夫子之極言禮也，可得而聞與？欲知禮終始所成。○極如字徐紀力反與音餘孔子曰：我欲觀夏道，欲行其禮觀其所成是故之杞，杞夏后氏之後也。而不足徵也，徵成也無賢君不足與成也。吾得夏時焉。得夏四時之書也其書存者有小正。○有小正音征本或作有夏小正。我欲觀殷道，是故之宋，而不足徵也，宋殷人之後也。吾得坤乾焉。得殷陰陽之書也其書存者有歸藏。○坤苦門反乾其連反。坤乾之義，夏時之等，吾以是觀之。觀於二書之意。

［疏］言偃至觀之。○正義曰：言偃既見孔子極言禮，故問其禮之終始可得聞不。孔子曰我欲觀夏道以下至禮之大成，荅以所成之事。但語意既廣，非一言可了，所荅之辭凡有數節，今略言之。前云大道之行，三代之英，丘未之逮也，而有志焉，此我欲觀夏道至

以是觀之論披撿二記之書乃知上代之禮運轉之事自夫
禮之初至皆從其初論中古祭祀之事及死喪之禮今時所
法於前取以行者自昔者先王至皆從其朔論昔者未有宮
室火化後聖有作始制宮室炮燔醴酪之事今世取而行之
故云皆從其朔但今世一祭之中凡有兩節上世是薦上古
中古下節是薦今世之食自玄酒在室至承天之祜摠論今
世祭祀饌具所因於古及其事義摠論兩節祭祀獲福之義
自作其祝號至是謂合莫別論祭之上節薦上古中古之食
併所用之物自然後退而合亭至是謂大祥論祭之下節薦
今世之食此禮之大成一句總結上所陳之言也○我欲觀
夏道者我欲行夏禮故觀其夏道可成以不是故之適於杞
欲觀夏禮而與之成○而不足徵者徵成也謂杞君闇弱不
堪足與成其夏禮然因往適杞而得夏家四時之書焉夏禮
既不可成我又欲觀殷道可成與不是故適宋亦以宋君闇
弱不堪足與成其禮吾得殷之坤乾之書謂得殷家陰陽之
書也其殷之坤乾之書并夏四時之書吾以二書觀之知上
代以來至於今世時代運轉禮之變通即下云夫禮之初以
下是也○注欲行至所成○正義曰言我欲行夏禮觀此夏
禮堪成與不知非直觀其禮而云觀其所成者以下云而不
足徵○注杞夏后氏之後○正義曰案樂記云武王下車而

封夏后氏之後於杞又史記云武王伐紂求夏后之後而得東樓公封之於杞是也○注徵成至成也○正義曰徵者徵驗之義故爲成若有賢君則自然成之當不須孔子而云無賢君不足與成者以杞是夏後雖有賢君欲成夏禮必須聖人賛佐若其君之不賢假令孔子欲往賛助終不能舉行夏禮雖助無益故論語云夏禮吾能言之杞不足徵則說之在孔子行之在杞君以杞君不能行故不足與成所以不能行者論語云文獻不足故也○注得陰陽之書○正義曰先言坤者熊氏殷易以坤爲首故先坤後乾○注觀於二書之意正義曰案孔子以大聖之姿無所不覽故脩春秋賛易道定禮樂明舊章今古墳典無所不載而獨觀此二書始知禮之運轉者以詩書禮樂多是周代之書皇帝墳典又不論陰陽轉運之事而夏之四時之書殷之坤乾之說並載前王損益陰陽盛衰故觀此二書以知其上代也○

夫禮之初始諸飲食其燔黍捭豚汙尊而抔飲蕢桴而土鼓猶若可以致其敬於鬼神言其物雖質畧有齊敬之心則可以薦羞於鬼神鬼神饗德不饗味也中古未有釜甑釋米捭肉加於燒石之上而食之耳今北狄猶然汙尊鑿地

爲尊也抔飲手掬之也蕢讀爲凷聲之誤也凷堛也謂摶土爲桴也土鼓築土爲鼓也○燔音煩捭卜麥反注作擗又作擘皆同汙尊烏華反注同一音作烏杯步侯反蕢依注音凷苦對反又苦怪反土塊也桴音浮鼓槌齊側皆反釜本又作鬴音父甑即孕反燒如字又舒照反鑿在洛反掬九六反本亦作臼音蒲侯反堛普逼反摶徒端反築徐音竹

及其死也升屋而號告曰皋某復招之於天○號音戶毛反皐音羔○

然後飯腥而苴孰飯以稻米上古未有火化苴孰取遣奠有火利也苴或爲俎○飯扶晩反注同腥音星苴子餘反苞也徐爭初反遣弃戰反○

故天望而地藏也體魄則降知氣在上地藏謂葬○知音智

故死者北首首陰也○首手又反注同

生者南鄉鄉陽也○鄉許亮反注同

皆從其初謂今行之然也

疏

夫禮至飲食○正義曰此一節論上代物雖質畧以其齊敬可以致祭神明夫禮之初始諸飲食者從此以下至禮之大成皆是二書所見之事夫者發語之端禮謂吉禮此吉禮元初始諸飲食諸於也始於飲食者欲行吉禮先以飲食爲本

但中古之時飲食質略雖有火化其時未有釜甑也其燔黍
捭豚者燔黍者以水洮釋黍米加於燒石之上以燔之故云
燔黍或捭析豚肉加於燒石之上而孰之故云捭豚○汙尊
而抔飲者謂鑿池汙下而盛酒故云汙尊以手掬之而飲故
云抔飲○蕢桴者又摶土凷爲桴皇氏云桴謂擊鼓之物故云
蕢桴○土鼓築土爲鼓故云土鼓○猶若可以致其敬於鬼
神者言上來之物非但可以事生若如也言猶如此亦可以
致其恭敬於鬼神以鬼神享德不享味也○注中古至鼓也
正義曰伏犧爲上古神農爲中古五帝爲下古若易歷三古
則伏犧爲上古文王爲中古孔子爲下古故易緯云蒼牙通
靈昌之成運孔演命明道經蒼牙則伏犧也昌則文王也孔
則孔子也故易繫辭云易之興也其於中古乎謂文王也若
三王對五帝則五帝亦爲上古故士冠禮云大古冠布下云
三王共皮弁則大古五帝時大古亦上古也不同者以其文
各有所對故上古中古不同也此云中古者謂神農也知者
以明堂位云土鼓葦籥伊耆氏之樂又郊特牲云伊耆氏始
爲蜡是報田之祭伊耆氏始爲蜡則於時始爲田也今此云
蕢桴土鼓故知此謂神農也蕢讀爲凷者以經中蕢字乃是
草名不可爲桴桴與土鼓相連凷是土之流類故讀爲凷凷
堛也廣雅文土鼓築土爲鼓者以與汙尊抔飲相連貴尚質

素故知築土爲鼓周代極文而不爾也故杜注周禮籥章云以瓦爲匡不須築土或以爲桴則摶拊也謂摶土爲摶拊以手擊之而爲樂其築土爲鼓先儒未詳蓋築地以當鼓節不云築地鼓者以經稱土鼓故言築土順經文也經云禮之初始諸飲食謂祭祀之禮故始諸飲食其人情之禮起則遠矣故昭二十六年左傳云禮之可以爲國也久矣與天地並是也○及其至其初○正義曰上言古代質素此言後世漸文謂五帝以下至於三王及其身之死也升上屋而號呼告曰皐某復者謂北面告天曰皐皐引聲之言某謂死者名令其反復魄復魄不復然後浴尸而行含禮於含之時飯用生稻之米故云飯腥用上古未有火化之法苴孰者至欲葬設遣奠之時而用苞裹孰肉以遣送尸法中古脩火化之利也熊氏云升屋而號爲五帝時或爲三王時皇氏云中古謂中古未有宮室皇說非也○故天望而地藏也者○天望謂始死望天而招魂地藏謂葬地以藏尸也○體魄則降知氣在上者覆釋所以天望地藏之意所以地藏者由體魄則降故也故○以天望招之於天由知氣在上故也○故死者北首生者南鄉者體魄降入於地爲陰故死者北首歸陰之義死者既歸陰則生者南鄉歸陽也○皆從其初者謂今世飯腥苴孰與死者北首生者南鄉之等非是今時始爲此事皆取法於

上古中古而來故云皆從其初前文云燔黍捭豚謂中古之時次云及其死也似還論中古之死但中古神農未有宮室上棟下宇及在五帝以來此及其死也而云升屋則非神農時也故熊氏云及其死也以為五帝時或為三王時皇氏以為及其死也還論中古時飯腥苴孰謂五帝時故云然後其義非也○昔者先王未有宮室冬則居營窟夏則居橧巢。寒則累土暑則聚薪柴居其上○窟苦忽反橧本又作增又作曽同則登反櫟本又作巢助交反未有火化食腥也食草木之實鳥獸之肉飲其血茹其毛未有麻絲衣其羽皮此上古之時也○茹音汝衣於既反○後聖有作作起然後脩火之利熟冶萬物范金鑄作器用○鑄之樹反○合土瓦瓶甓及甒大○合如字徐音閤瓶音令甓步麻反甒音武大音泰甒大皆樽名以為臺榭宮室牖戶榭器之所藏也○榭音謝本亦作謝牖音酉以炮裹燒之也○炮薄交反徐扶交反裹音果以燔加於火上○燔音煩反以亨煑之鑊也○亨普伻反煑也下合亨同鑊戸郭反以炙貫之火上○炙之石反貫古亂反以爲醴酪烝釀之也酪酢截○醴音禮酪音洛烝之承反釀女亮反酢七故反截才再反徐祖冀反治其麻絲以爲布帛以養生送死以事鬼神上帝皆從其朔朔亦初也亦謂今行之然〔疏〕昔者先王至其朔○正義曰此一節更論上古之事昔者先王既云未有宮室則摠是五帝之前云未有火化之事則唯爲伏犧之前以上文中古神農有火故也○冬則居營窟者營累其土而爲窟地高則穴於地地下則窟於地上謂於地上累土而爲窟○夏則居橧巢者謂橧聚其薪以爲巢○飲其血茹其毛者雖食鳥獸之肉若不能飽者則茹食其毛以助飽也若漢時蘇武以雪雜羊毛而食之是其類也○後聖至其朔○正義曰此一節論中古神農及五帝并三王之事各隨文解之○後聖有作者謂上古之後聖人作起○然後脩火之利者謂神農也火利言脩者火利先有用之簡少至神農更脩脩益使多故云脩知以世本云燧人出火案鄭六藝論云燧人在伏犧之前凡六紀九十一代廣雅云一紀二十六萬七千年六紀計一百六

十萬二千年也○范金合土者范金者謂爲形范以鑄金器合土者謂和合其土燒之以作器物○以爲臺榭宮室牖戶者謂五帝時也○以炮以燔以爲醴酪及治其麻絲以爲布帛之屬亦五帝時也○皆從其朔者謂今世所爲范金合土燒炙醴酪之屬非始造之皆倣法中古以來故云皆從其朔○注孰冶萬物○正義曰孰謂亨煮冶謂陶鑄也○注瓦甒甈及甒大○正義曰檀弓云有虞氏之瓦棺釋器云甈甗謂之甈郭注云甈壞也禮器云君尊瓦甒又明堂云泰有虞氏之尊此等皆燒土爲之○注榭器之所藏也○正義曰知者案宣十六年成周宣榭火公羊云樂器藏焉爾穀梁云樂器之所藏是也

○故玄酒在室醴醆在戶粢醍在堂澄酒在下陳其犧牲備其鼎俎列其琴瑟管磬鍾鼓脩其祝嘏以降上神與其先祖以正君臣以篤父子以睦兄弟以齊上下夫婦有所是謂承天之祜此言今禮饌具所因於古及其事義也粢讀爲齊聲之誤也周禮五齊一曰泛

齊二曰醴齊三曰盎齊四曰醍齊五曰沈齊字雖異醆與盎
澄與沈蓋同物也奠之不同處重古畧近也祝祝爲主人饗
神辭也嘏祝爲尸致福於主人之辭也祜福也福之言備也
○醆側眼反粢依注爲齊才細反注五齊皆同醍音體嘏本
或作假古雅反祜音戶粢讀音咨泛芳斂反徐音泚盎烏浪反
【疏】故玄至之祜○正義曰此一節明祭祀因於古
昔所供之物并酒之所陳之處○玄酒在室者玄酒謂水也
以其色黑謂之玄而大古無酒此水當酒所用故謂之玄酒
以今雖有五齊三酒貴重古物故陳設之時在於室內而近
北醴醆在戶醴謂醴齊醆謂盎齊以其後世所爲賤之陳列
雖在室內稍南近戶故云醴醆在戶皇氏云醴在戶內醆在
戶外義或然也其泛齊所陳當在玄酒南醴齊北雖無文約
之可知也以熊氏崔氏並云此據禘祭用四齊不用泛齊也
○粢醍在堂者以卑之故陳列又南近戶而在堂澄酒在下
者澄謂沈齊也酒謂三酒事酒昔酒淸酒之等稍卑之故陳
在堂下也○陳其犧牲者謂將祭之夕省牲之時及祭日之
旦迎牲而入麗於碑案特牲禮陳鼎于門外北面獸在鼎南
東首牲在獸西西上北首其天子諸侯夕省牲之時亦陳於
廟門外橫行西上○備其鼎俎者以牲煑於鑊鑊在廟門之
外鼎隨鑊設各陳於鑊西取牲體以實其鼎舉鼎而入設於

阼階下南北陳之俎設於鼎西以次載於俎也故云備其鼎俎案少牢陳鼎于廟門之外東方北面北上又云鼎入陳于東方當序西面北上俎皆設于鼎西是也○列其琴瑟者琴瑟在堂而登歌故書云搏拊琴瑟以咏是也○管磬鐘鼓者堂下之樂則書云下管鼗鼓笙鏞以間是也其歌鐘歌磬亦在堂下○脩其祝嘏者祝謂以主人之辭饗神嘏謂祝以尸之辭致福而嘏主人也○以降上神與其先祖者上神謂在上精魂之神即先祖也指其精氣謂之上神指其亡親謂之先祖協句而言之分而爲二耳皇氏熊氏等云上神謂天神也○以正君臣者祭統云君在廟門外則疑於君入廟門則全於臣是以正君臣也○以篤父子者祭統云尸南面父北面而事之是以篤父子也睦兄弟者祭統云昭與昭齒穆與穆齒特牲云主人洗爵獻長兄弟衆兄弟是以睦兄弟也○以齊上下者祭統云尸飲五君洗玉爵獻卿尸飲七以瑶爵獻大夫是也○夫婦有所者禮器云君在阼夫人在房及特牲夫婦交相致爵是也○是謂承天之祜者言行上事得所則承受天之祜福也○注此言至備也○正義曰今禮饌具所因於古者此玄酒在室及下作其祝號并然後退而合亨皆是今世祭祀之禮醴醆犧牲之屬是饌具也用古玄酒醴醆是所以因於古故言今禮饌具所因於古也云及其事義者

從玄酒以下至其先祖以上是事也以正君臣以下至承天之祜是義也云粢讀爲齊者案爾雅云粢稷也作酒用黍不用稷故知粢當爲齊聲相近而致誤引周禮五齊者是酒正文也鄭注云泛者盛而滓浮泛泛然如今宜成醪矣醴猶體也成而汁滓相將如今恬酒矣盎猶翁也成而翁翁然葱白色如今鄼白矣緹者成而紅赤如今下酒矣沈者成而滓沈如今造清矣云醆與盎澄與沈蓋同物者以酒正文醴緹之間有盎此醴醍之間有醆又周禮緹齊之下有沈齊此醍齊之下有澄齊故云醆與盎澄與沈蓋同物也案此注澄是沈齊案酒正注澄酒是三酒二注不同故趙商疑而致問鄭荅之云此本不誤轉寫益澄字耳如鄭所荅是轉寫酒正之文誤益澄字當云酒三酒也則是與禮運注同然案坊記云醴酒在室醍酒在堂澄酒在下示民不淫也注云淫猶貪也又以澄爲清酒田瓊疑而致問鄭荅之云禮運云醴醆醍澄各是一物皆不言酒故推其意澄爲沈齊酒爲三酒坊記云醴也醍也澄也皆言酒故因注云澄酒清酒也其實沈齊也如鄭此言坊記所云醴酒醆酒五齊亦言酒則澄酒是沈齊也是五者最清故云澄酒非爲三酒之中清酒也是與禮運不異也云奠之不同處重古畧近者奠之或在室或在堂或在下是不同處古酒奠於室近酒奠於堂或奠於下是重古

畧近云祝祝爲主人饗神辭者案特牲少牢禮云祝稱孝孫某用薦歲事于皇祖伯某尙饗是祝爲主人饗神辭云嘏祝爲尸致福於主人之辭者此下云嘏以慈告詩小雅云錫爾純嘏子孫其湛是致福於主人之辭也云祜福也者釋詁文福之言備郊特牲文言嘏慶備具福之道也其用酒之法崔氏云周禮大祫於大廟則備五齊三酒朝踐王酌泛齊后酌醴齊饋食王酌盎齊后酌醍齊朝獻王酌泛齊因朝踐之尊再獻后酌醍齊因饋食之尊諸侯爲賓則酌沈齊尸酢王與后皆還用所獻之齊賓長酳尸酢用清酒加爵亦用三酒大禘則用四齊三酒者醴齊以下悉用之故禮運云玄酒在室醴醆在戶粢醍在堂澄酒在下用四齊者朝踐王酌醴齊后酌盎齊饋食王酌醍齊后酌沈齊朝獻王酌醴齊再獻后還酌沈齊亦尊相因也諸侯爲賓亦酌沈齊用三酒之法如祫禮也四時之祭唯二齊三酒則自祫禘以下至四時祭皆通用也二齊醴盎也故鄭注司尊彝四時祭法但云醴盎而已用二齊者朝踐王酌醴齊后亦酌醴齊饋食王酌盎齊后亦酌盎齊朝獻王還用醴齊再獻后還用盎齊亦尊相因也諸侯爲賓亦酌盎齊三酒同於祫三酒所常同不差者三酒本爲王以下飲故尊卑自有常依尊卑之常不得有降祫禘時祭本明所用揔有多少故正祭之齊有差降也魯及王者之

後大祫所用與五禘之禮同若禘與王四時同用三酒亦同於王侯伯子男祫禘皆用二齊醴盎而已三酒則並用用二齊之法朝踐君夫人酌醴齊饋食君夫人酌盎齊朝獻君還酌醴齊再獻夫人還酌盎齊諸臣爲賓酌盎齊尸酢君夫人用昔酒酢諸臣用清酒加爵皆清酒時祭之法用一齊故禮器云君親制祭夫人薦盎鄭云謂朝事時也又云君親割牲夫人薦酒鄭云謂進孰時也其行之法朝踐君制祭則夫人薦盎爲獻進孰時君親割夫人薦酒朝獻時君酌盎齊以酳尸再獻時夫人還酌酒以終祭也賓獻皆酒加爵如禘祫之禮天子諸侯酌奠皆用齊酒卿大夫之祭酌奠皆用酒其祫祭之法既備五齊三酒以實八尊祫祭在秋案司尊彝秋嘗冬烝朝獻用兩著尊饋獻用兩壺尊則泛齊醴齊各以著尊盛之盎齊醍齊沈齊各以壺尊盛之凡五尊也又五齊各有明水之尊凡十尊也三酒三尊各加玄酒凡六尊也通斝彝盛明水黃彝盛鬱鬯凡有十八尊故崔氏云大祫祭凡十八尊其明水鬱鬯陳之各在五齊三酒之上祭日之旦王服衮冕而入尸亦衮冕祝在後侑之王不出迎尸故祭統云君不迎尸所以別嫌也尸入室乃作樂降神故大司樂云凡樂圜鍾爲宮九變而降人鬼是也乃灌故書云王入大室祼當灌之時衆尸皆同在太廟中依次而灌所灌鬱鬯小宰注云尸

祭之晬之奠之是爲一獻也王乃出迎牲后從灌二獻也迎牲而入至於庭故禮器云納牲詔於庭王親執鸞刀啓其毛而祝以血毛告於室故禮器云血毛詔於室凡牲則廟各別牢故公羊傳云周公白牡魯公騂犅案逸禮云毀廟之主昭共一牢穆共一牢於是行朝踐之事尸出於室太祖之尸坐於尸西南面其主在右昭在東穆在西相對坐主各在其右故鄭注祭統云天子諸侯之祭朝事延尸於戶外是以有北面事尸之禮祝乃取牲膟膋燎于爐炭入以詔神於室又出以墮于主前郊特牲云詔祝於室坐尸於堂是也王乃洗肝於鬱鬯而燔之以制於主前所謂制祭次乃升牲首於室中置於此墉下后薦朝事之豆籩乃薦腥於尸主之前謂之朝踐即此禮運薦其血毛腥其俎是也王乃以玉爵酌著尊泛齊以獻尸三獻也后又以玉爵酌著尊醴齊以亞獻四獻也乃退而合亨至薦孰之時陳於堂故禮器云設饌於堂乃後延主入室大祖東面昭在南面穆在北面徙堂上之饌於室內坐前祝以斝爵酌奠於饌南故郊特牲注云天子奠斝諸侯奠角即此之謂也既奠之後又取膓間脂焫蕭合馨薌郊特牲注云奠謂薦孰時當此大合樂也自此以前謂之接祭乃迎尸入室舉此奠斝主人拜以妥尸故郊特牲云舉斝角拜妥尸是也后薦饌獻之豆籩王乃以玉爵酌壺尊盎齊以

獻尸爲五獻也后又以玉爵酌壺尊醴齊以獻尸是六獻也
於是尸食十五飯訖王以玉爵因朝踐之尊泛齊以酳尸爲
七獻也故鄭云變朝踐云朝獻尊相因也朝獻謂此王酳尸
因朝踐之尊也后乃薦加豆籩尸酌酢主人主人受嘏王所
以獻諸侯於是后以瑤爵因酌饋食壺尊醍齊以酳尸爲八
獻也鄭注司尊彝云變再獻爲饋獻者亦尊相因也再獻后
酳尸獻謂饋食時后之獻也於時王可以瑤爵獻卿也諸侯
爲賓者以瑤爵酌壺尊醍齊以獻尸爲九獻九獻之後謂之
加爵案特牲有三加則天子以下加爵之數依尊卑不秖三
加也故特牲三加爵別有嗣子舉奠文王世子諸侯謂之上
嗣舉奠亦當然崔氏以爲后獻皆用爵又以九獻之外加爵
用璧角璧散今案內宰云后祼獻則贊瑤爵亦如之鄭注云
瑤爵謂尸卒食王既酳尸后亞獻之始用瑤爵則后未酳尸
以前不用也又鄭注司尊彝云王酳尸用玉爵而再獻者用
璧角璧散可知此璧角璧散則瑤爵也崔氏乃云正獻之外
諸臣加爵用璧角璧散其義非也其禘祭所用四齊者禘祭
在夏醴齊盎齊盛以犧尊醍齊沈齊盛以象尊王朝踐獻用
醴齊后亞獻用盎齊王饋獻用醍齊后亞獻用沈齊尸卒食
王酳尸因朝踐醴齊后酳尸因饋食沈齊諸臣爲賓獻亦用
沈齊禘祭無降神之樂熊氏以爲大祭皆有三始有降神之

樂又未毀廟者皆就其廟祭之其餘皆如祫祭之禮天子時祭用二齊者春夏用犧尊盛醴齊用象尊盛沈齊秋冬用著尊盛醴齊用壺尊盛盎齊是一齊用一尊司尊彝皆云兩者。以一尊盛明水故皆云兩若禘祫之祭其齊既多不得唯兩而已前已備釋也時祭唯用二齊其諸侯用齊及酒皆視天子具如前說其魯及王者之後皆九獻其行之法與天子同侯伯七獻朝踐及饋獻時君皆不獻於九獻之中減二故爲七獻也禮器云君親制祭夫人薦盎君親割牲夫人薦酒是也子男五獻者亦以薦腥饋孰二君皆不獻酳尸之時君但一獻而已九獻之中去其四故爲五此皆崔氏之說今案特牲少牢尸食之後主人主婦及賓備行三獻主婦因獻而得受酢今子男尸食之後但得一獻夫人不得受酢不如卿大夫理亦不通蓋子男饋孰以前君與夫人並無獻也食後行三獻通二灌爲五也禮器所云自據侯伯七獻之制也一曰尸酢侯伯子男亦用所獻之齊也。

○作其祝號玄酒以祭薦其血毛腥其俎孰其殽與其越席疏布以冪衣其澣帛醴醆以獻薦其燔炙君與夫人交獻以

嘉魂魄是謂合莫此謂薦上古中古之食也周禮祝號有六一曰神號二曰鬼號三曰祇號四曰牲號五曰齍號六曰幣號號者所以尊神顯物也腥其俎謂豚解而腥之及血毛皆所以法於大古也孰其殽謂體解而爓之此以下皆所法於中古也越席翦蒲也冪覆尊也澣帛練染以爲祭服嘉樂也莫虛無也孝經說曰上通無莫○祝之六反徐之又反注同殽本或作肴戸交反越席音活注同字書作趏杜元凱云結草冪本又作鼏同莫歷反衣其於既反澣戸管反示號音祇本又作祇齍音咨皇云黍稷大音太下大史同爓似廉反染如豔反又如琰反樂也音洛

○然後退而合亨體其犬豕牛羊實其簠簋籩豆鉶羹祝以孝告嘏以慈告是謂大祥此謂薦今世之食也體其犬豕牛羊謂分別骨肉之貴賤以爲衆俎也祝以孝告嘏以慈告各首其義也祥善也今世之食於人道爲善也○鉶本又作鉶音刑盛和羹器形如小鼎羹音庚舊音衡別彼列反下文同此禮之大成也解子游以禮所成也

疏「作其祝號」至「是謂合莫」○正義曰此一節明祭祀用上古中古之法也竝酒以

祭薦其血毛腥其俎此是用上古也孰其殽以下用中古也作其祝號者謂造其鬼神及牲玉美號之辭史祝稱之以告鬼神故云作其祝號○玄酒以祭者謂朝踐之時設此玄酒於五齊之上以致祭鬼神此重古設之其實不用以祭也薦其血毛者亦朝踐時延尸在堂祝以血毛告於室也○腥其俎者亦謂朝踐時既殺牲以俎盛肉進於尸前也○孰其殽骨體也孰謂以湯爓之以其所爓骨體進於尸前也○與其越席至澣帛皆謂祭初之時越席謂蒲席疏布謂麤布若依周禮越席疏布是祭天之物此經云君與夫人則宗廟之禮也此蓋記者雜陳夏殷諸侯之禮故雖宗廟而用越席疏布也○衣其澣帛者謂祭服練帛染而爲之醴醆以獻者朝踐之時用醴饋食之時用醆○薦其燔炙者謂燔肉炙肝案特牲禮主人獻尸賓長以肝從主婦獻尸賓長以燔從則此君薦之用炙也夫人薦用燔是也皇氏云燔謂薦孰之時爇蕭合馨薌知不然者案詩楚茨云或燔或炙鄭云燔燔肉也炙肝炙也則知此燔炙亦然皇說非也君與夫人交獻第一君獻第二夫人獻第三君獻第四夫人獻是君與夫人交錯而獻也○以嘉魂魄者謂設此在上祭祀之禮所以嘉善於死者之魂魄是謂合莫莫謂虛無寂寞言死者精神虛無寂寞得生者嘉善而神來歆饗是生者和合於寂寞但禮運之作

因魯之失禮孔子乃爲廣陳天子諸侯之事及五帝三王之道其言雜亂或先或後其文不次舉其大綱不可以一代定其法制不可以一槩正其先後若審此理則無所疑惑○注周禮至無莫○正義曰案周禮大祝辨六號一曰神號注若皇天上帝二曰鬼號注若皇祖伯某三曰祇號若后土地祇四曰牲號若牛曰一元大武五曰齍號若稷曰明粢六曰幣號若幣曰量幣是也云號者所以尊神顯物者其神號鬼號祇號是尊神也牲號齍號幣號是顯物也云腥其俎謂豚解而腥之者案士喪禮小斂之奠載牲體兩髀兩肩兩胉并脊凡七體也士虞禮主人不視豚解注云豚解解前後脛脊而已是豚解七體也案特牲少牢以薦孰爲始之時皆體解無豚解以無朝踐薦腥故也其天子諸侯既有朝踐薦腥故知腥其俎之爲豚解云孰其殽謂體解而爛之者體解則特牲少牢所升於俎以進神者是也案特牲九體肩一臂二臑三肫四胳五正脊六橫脊七長脅八短脅九少牢則十一體加以脡脊代脅爲十一體也是分豚爲體解此孰其殽謂體解訖以湯爛之不全孰次於腥而薦之堂故祭義曰爛祭祭腥而退是也此則腥以法上古爛法中古也云瀹帛練染以爲祭服者此亦異代禮也周禮則先染絲乃織成而爲衣故玉藻云士不衣織云孝經說曰上通無○莫者孝經緯文言人

之精靈所感上通元氣寂寞引之者證莫爲虛無正本元字
作無謂虛無寂寞義或然也○然後至大祥○正義曰論祭
饋之節供事鬼神及祭末獻賓并祭竟燕飲饗食賓客兄弟
然後退而合享者前明薦爓既未孰今至饋食乃退取歸爓
肉更合享之令孰擬更薦尸又尸俎唯載右體其餘不載者
及左體等亦於鑊中享煮之故云合享體其犬豕牛羊者享
之既孰乃體別骨之貴賤以爲衆俎供尸及待賓客兄弟等
體其犬豕牛羊謂分別骨之貴賤以爲衆俎知非尸前正俎
者以此經所陳多是祭末之事若是尸前正俎當云是謂合
莫不得云是謂大祥既是人之祥善故爲祭末饗燕之衆俎
也實其簠簋籩豆鉶羹者此舉事尸之時所供設也若籩豆
亦兼據賓客及兄弟之等故特牲少牢賓及衆賓兄弟之等
皆有籩豆及俎是也○祝以孝告嘏以慈告者此論祭祀祝
嘏之辭案少牢祝曰孝孫某敢用柔毛剛鬣嘉薦普淖用薦
歲事于皇祖伯某以某妃配某氏尚饗是祝以孝告○少牢又
云主人獻尸祝嘏主人云皇尸命工祝承致多福無疆于女
孝孫來女孝孫使女受祿于天宜稼于田眉壽萬年勿替引
之是嘏以慈告言祝嘏於時以神之恩慈而告主人○是謂
大祥者祥善也謂饋食之時薦今世之食於人道爲善故爲
大祥○注各首其義者○正義曰首猶本也孝子告神以孝

爲首神告孝子以慈爲首各本祝嘏之義也○孔子曰於呼哀哉我觀周道幽厲傷之吾舍魯何適矣政亂禮失以爲魯尚愈○於音烏呼好奴反舍音捨下舍禮皆同○魯之郊禘非禮也周公其衰矣非猶失也魯之郊牛口傷鼷鼠食其角又有四卜郊不從是周公之道衰矣言子孫不能奉行興之○禘大計反鼷音兮

疏

孔子至適矣○正義曰此明孔子歎意前始發歎未言自歎之意子游有問即隨問而荅荅事既畢故更述其所懷於呼哀哉是傷歎之辭言觀周家文武之道以經幽厲之亂傷此禮儀法則無可觀瞻唯魯國稍可吾捨此魯國更何之適而觀禮乎言魯國尚愈愈勝也言尚勝於餘國故韓宣子適魯云周禮盡在魯矣○魯之郊禘至其衰矣○魯合郊禘也非是非禮但郊失禮則牛口傷禘失禮躋僖公○注非猶至興之○正義曰郊牛口傷宣三年經文鼷鼠食其角成七年經文四卜郊不從僖三十一年經文言子孫不能承奉興行周公之道故致使郊牛有害卜郊不從○杞之郊也禹也宋之郊也契也是天子之事守也先祖法度

子孫所當守○契息列反故天子祭天地諸侯祭社稷○祝嘏莫敢易其常古是謂大假假亦大也不敢改其常古之法度是謂大大也將言今不然○【疏】杞之至守也○正義曰杞郊禹宋郊契蓋是夏殷天子之事杞宋是其子孫當所保守勿使有失案祭法云夏郊鯀殷郊冥今杞郊禹宋郊契者以鯀冥之德薄故更郊禹契蓋時王所命也○祝嘏至大假○正義曰言天子諸侯所祭之時祝以主人之辭而告神神以嘏福而與主人二者皆依舊禮無敢易其常事古法是謂大假假大也既不敢易法是於禮法大中之大大謂大大之極也○注假亦至不然○正義曰假大也釋詁文以經既有大字故云假亦大也從此以前皆論法於古道則為善故上文承天之祜次文是謂合莫又次云是謂大祥又次文是謂大假皆論其善也所以論其善者將欲論其惡故也鄭云將言今不然今謂孔子之時也禮廢政壞不如大祥大祥假之等自此以下皆論今時之惡故下云是謂幽國是謂僭君是也○

○祝嘏辭說藏於宗祝巫史非禮也是謂幽國藏於宗祝巫史言君不知有也幽也國闇者君與大夫俱不明也【疏】

祝嘏至國。正義曰謂主人之辭告神嘏謂尸之辭致福告於主人皆從古法依舊禮辭說當須以法用之於國今乃棄去不用藏於宗祝巫史之家乃更改易古禮自爲辭說非禮也而國之君臣秖聞今日祝嘏之辭不知古禮舊說當是君臣俱闇故云是謂幽國。

醆斝及尸君非禮也是謂僭君僭禮之君也醆斝先王之爵也唯魯與王者之後得用之耳其餘諸侯用時王之器而已醆斝古雅反又音嫁爵名也夏曰醆殷曰斝周曰爵

疏 醆斝至僭君。正義曰醆是夏爵斝是殷爵若是夏殷之後祭祀之時得以醆斝及於尸君其餘諸侯於禮不合今者諸侯等祭祀之時乃以醆斝及於尸君非禮也此諸侯乃是僭禮之君。注醆斝至用之。正義曰案明堂位云夏曰醆殷曰斝是先王之爵也天子有六代之樂王者之後得用郊天故知唯天子王者之後得用之其餘諸侯用時王之器而已此醆斝謂祭祀尸未入之時祝酌奠於鉶南者也故郊特牲云舉斝角是也若尋常獻尸則用王爵耳。

冕弁兵革藏於私家非禮也是謂脅君劫脅之君也冕弁君之尊服兵革君之武衛及軍器也。脅許劫反

疏 冕弁至脅君。正義曰冕弁兵革藏於私家非禮者私家

大夫以下稱家冕是衮冕弁是皮弁冕弁是朝廷之尊服兵革是國家防衛之器而大夫私家藏之故云非禮也○是謂脅君脅劫脅也私藏公物則見此君恒被臣之劫脅○**大夫具官祭器不假聲樂皆具非禮也是謂亂國**臣之奢富儗於國君敗亂之國也孔子謂管仲官事不攝焉得儉○儗音擬焉於虔反○〔疏〕大夫至亂國○正義曰大夫具官者天子六卿諸侯三卿卿大夫若有地者則置官一人用兼攝羣職不得官官各須具足如君也故孔子譏管仲云官事不攝焉得儉是也○祭器不假者凡大夫無地則不得造祭器有地雖造而不得具足並須假借若不假者唯公孤以上得備造故周禮四命受器鄭云此公之孤始得有祭器者也又云王之下大夫亦四命○聲樂皆具者大夫自有判縣之樂而不得如三桓舞八佾一日大夫祭不得用樂者故少牢饋食無奏樂之文唯君賜乃有之非禮也者若大夫並爲上事則爲非禮也○是謂亂國者大夫爲此上諸事與君相敵乃是敗亂之國也○**故仕於公曰臣仕於家曰僕三年之喪與新有昏者期不使以衰裳入**

朝與家僕雜居齊齒非禮也是謂君與臣同

國臣有喪昏之事而不歸反服其衰裳以入朝或與僕相
等輩而處是謂君臣共國無尊卑也有喪昏不歸唯君
耳臣有喪昏當致事而歸僕又不可與士齒○期居其反朝
直遥反注同或與僕相息亮反一讀如字則連下爲句等輩
卜內反○疏故仕至同國○正義曰仕於公曰臣者公是諸侯
之號臣是至賤之稱今若仕於諸侯其自稱以至
賤之辭而曰臣自貶退也○仕於家曰僕者謂卿大夫之僕
又賤於臣若仕於大夫之家即自稱曰僕彌更卑賤也三年
之喪與新有昏者期不使者若君有喪昏則恒在於國不歸
臣有喪昏則歸鄕家一期之間不復使役也故云期不使○
以衰裳入朝與家僕雜居齊齒非禮也者今臣之有喪乃不
致事身著衰裳而入君朝或與家臣之僕錯雜而居齊齒等
輩是爲非禮也○是謂君與臣同國者君之喪昏而在國臣
有喪昏而不歸家亦在國是君與臣同國又臣是卿大夫與
僕雜居且臣是君之臣僕是臣之僕今卿大
夫與僕雜居尊卑無別亦是君臣共國也○

故天子有田以處其子孫諸侯有國以處其子孫大夫

有采。以處其子孫是謂制度言今不然也春秋昭元年秦伯之弟鍼出奔晉刺其有千乘之國不能容其母弟。鍼其廉反又祇廉反乘時證反故天子適諸侯必舍其祖廟而不以禮籍入是謂天子壞法亂紀以禮籍入謂大史典禮執簡記奉諱惡也天子雖尊舍人宗廟猶有敬焉自拱勑也。壞音怪惡烏路反拱徐居勇反後拱持同。諸侯非問疾弔喪而入諸臣之家是謂君臣爲謔無故而相之是戲謔也陳靈公與孔甯儀行父數如夏氏以取弒焉。謔許約反甯本又作寧案左傳作寧公羊作甯各依字讀父音甫數色角反取殺申志反又如字【疏】故天子至爲謔。正義曰天子有田以處其子孫者案王制云天子之田方千里是也以處其子孫者謂子孫若有功德者封爲諸侯無功德直食邑於畿內也。諸侯有國以處其子孫者謂諸侯子孫封爲卿大夫若有其大功德其子孫亦有采地故左傳云官有世功則有官族邑亦如之是處其子孫。大夫有采地以處其子孫者大夫位卑不合割其采地以處子孫但大夫以采地之祿養其子孫故云以處其子孫然從是謂幽國以下皆論其臣惡今此云是謂制度而論善者此論古之制度如此今日則不然謂今惡起文故云是謂制度非論今日之好故注云言今不言然也○注昭元至毋弟○正義曰此所引春秋昭元年公羊傳文引之者證諸侯有國處子孫之義譏秦伯不然也○注陳靈至弑焉○正義曰此宣十年左傳文陳靈公與孔寧儀行父通於夏徵舒之母夏姬公謂孔寧儀行父曰徵舒似女行父對曰亦似君徵舒病之公出自其廄射而殺之二子奔楚後楚殺徵舒立成公是取弑也○是故禮者君之大柄也所以別嫌明微儐鬼神考制度別仁義所以治政安君也疾今失禮如此爲言禮之大義也柄所操以治事○柄兵命反儐必刃反治政皇如字徐直吏反下文注以治事同爲于僞反下又爲遂爲皆同操士刀反○故政不正則君位危君位危則大臣倍小臣竊刑肅而俗敝則法無常法無常而禮無列禮無列則士不事

也刑肅而俗敝則民弗歸也是謂疵國又爲言政失君危之禍敗也肅駿也疵病也○倍步内反是故至君也敝音弊本亦作弊疵才斯反峻恤俊反○疏正義曰此一經疾時失禮致此在上禍敗之事故言禮之大義禮者君之大柄者言人君治國須禮如巧匠治物執斤斧之柄○所以別嫌明微者此以下亦並明用禮爲柄之事使寡婦不夜哭是別嫌嫌君子表微是明微也○儐鬼神者以接賓以禮曰儐以郊天祀地及一切神明是儐鬼神也○考制度者考成也制度爲廣狹丈尺以禮成之也○別仁義者仁生義殺各使中禮有分別也○所以治政安君也者用禮爲柄如前諸事故治國得政君獲安存故孝經云安上治民莫善於禮○大臣至俗敝○正義曰大臣謂大夫以上倍謂倍君行私也或有屢諫不聽皆越關倍君而去○小臣竊者小臣士以下竊者盜也職閒位卑但爲竊盜府庫之事○刑肅而俗敝則法無常者肅駿急也敝凋殘也君位已危大臣又倍小臣盜竊愚君無奈此何唯知暴怒急行刑罰故云刑肅上下乖離故云俗敝俗敝刑肅故法教無常○注肅駿也疵病也○正義曰案釋詁文云肅駿俱訓爲疾是肅爲駿也釋詁文又云疵病也疵國者君既危於上臣又叛於下刑肅嚴重風俗凋敝

皆國之病故云疵國○**故政者君之所以藏身也**於此文遂爲之言政也藏謂輝光於外而形體不見若日月星辰之神○輝音暉見賢遍反○**是故夫政必本於天殽以降命**降下也殽天之氣以下教令天有運移之期陰陽之節也○殽戶教反注及下同○**命降于社之謂殽地**謂教令由社下者也社土地之主也周禮土會之法有五地之物生○會古外反○**降于祖廟之謂仁義**謂教令由祖下者大傳曰自禰率而上至于祖遠者輕仁也自祖率而下至于禰高者重義也○上時掌反下上配上生皆同**降於山川之謂興作**謂教令由山川下者也山川有草木禽獸可作器物共國事○共音恭○**降於五祀之謂制度**謂教令由五祀下者五祀有中霤門戶竈行之神此始爲宮室制度**此聖人所以藏身之固也**政之行如此何用城郭溝池之爲○【疏】故政至固也○正義曰此一節以上文云政之不正則國亂君危此則廣言政之大理本於天地及宗廟山川五祀而來所來既重故君用之得藏身

安固也○故政者君之所以藏身也者故因上起下之辭人君身在於中施政於外人但見其政不見其身若政之美盛則君身安靜故云政者所以藏身也鄭云藏謂輝光於外而形體不見若日月星辰之神是也○是故夫政必本於天是故謂政是藏身之固其事既重所施教令必本於天而來天有運移若星辰鬬遶北極氣有陰陽若冬夏之有寒暑○殽以降命者殽效也言人君法效天氣以降下政教之命效星辰運轉於北極爲昏媾姻亞效天之陰陽寒暑爲刑獄賞罰是殽以降命○命降于社之謂殽地者上云政本於天此論政降於地上既云必本於天殽以降命此亦當云必本於地殽以降命但上文既具故此畧而變文直云命降于社之謂殽地命者政令之命降下於社謂從社而來以降民也社即地也指其神謂之社指其形謂之地地法社以下教令故云謂殽地地有五土生物不同人君法地亦養物不一也○降于祖廟者此亦政教之命降下於民由祖廟而來謂法祖廟以下政令○之謂仁義者父親仁也祖尊義也言法此父祖施仁義於民也上云命降于社之謂殽地此亦當云命降于祖之謂殽廟以上文既具故此又畧而變文與上不同自下皆然也○降於山川者謂所施政令之命下於民者從山川而來謂法效山川以爲教令也之謂興作者山川有草木鳥獸

可作器物人君法山川以興作其物也降於五祀者所施政
令降於民者從五祀而來謂法此五祀之神以施政令也○
之謂制度者初造五祀祀之人既立中霤門戶竈行大小形制
各有法度後王所以取爲制度等級也此聖人所以藏身之
固也者政既法天地法祖廟山川五祀所重若此謹慎行之
所以藏其身而堅固○注殺天至之節○正義曰案昭二十
五年左傳云禮者天之經地之義爲父子兄弟昏媾姻亞以
象天明爲溫慈惠和以效天之生殖長育爲刑罰威獄以類
其震曜殺戮此注云天有運移之期陰陽之節揔包之也皆
法天之所爲以下教令也○注社土至物生○正義曰下云
社者神地之道此云土地之主主則神也土會之法有五地
之物生者此大司徒文五地則山林川澤丘陵墳衍原隰各
有所生五地揔生萬物人君法之施政令亦揔養萬民也○
注大傳至義也○正義曰引此者證祖禰廟有仁義也云自
禰率而上至于祖遠者輕仁也者自用也率循也言用禰之
仁依循而上以至於祖遠者恩愛漸輕是據仁恩也自祖率
而下至於禰高者重義也者言用祖之義依循而下以至于
禰高者尊重是義事也祖廟之中自然有此仁義人君法之
施此仁義教令以教下民也○注五祀至制度○正義曰此
五祀鄭云有中霤門戶竈行之神此始爲宮室制度者如鄭

此言則五祀神者謂初造五祀之神此人造五祀有其制度後王法此人之神更爲制度此人造五祀非五祀本神也其五祀亦自然有其虛無之神非後王所取法也故此不言之○注政之至之爲○正義曰言政之行若能如此法天陰陽使賞罰得所法地高下令尊卑有序法之祖廟而行仁義法之山川五祀而爲興作制度若能如此則民懷其德禍害不來何所防禦故云何用城郭溝池之爲言不用城郭溝池也

附釋音禮記注疏卷第二十一

皇清嘉慶二十年重刊
宋本十三經注疏附校勘記

江西南昌府學栞

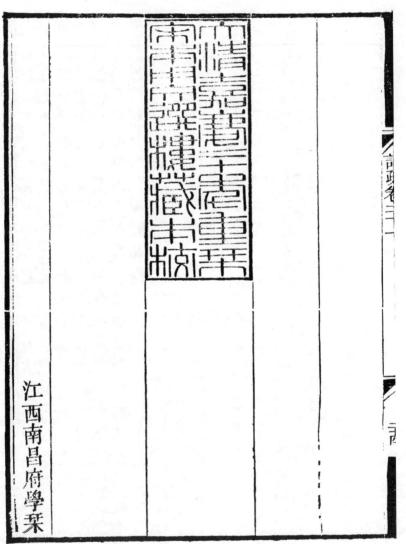

禮記注疏卷二十一挍勘記　阮元撰盧宣旬摘錄

禮運第九

以曾子所問事類既煩雜　惠棟挍宋本同閩本所誤問問事二字闕監毛本所問事誤問篇之

昔者仲尼與於蜡賓節　惠棟挍云昔者節大道節今大道節宋本合爲一節

志謂識古文　閩監毛本同岳本同嘉靖本同衛氏集說同考文引古本足利本古下有之字

昔者至而嘆　惠棟挍宋本無此五字

舊縣法象使民觀之處　閩本同惠棟挍宋本同監本象下衍魏字衛氏集說同毛本衍魏字舊誤二

以其縣法象魏魏巍也　監毛本如此此本一魏字脫閩本同考文引宋板同

字子游魯人也　閩監毛本同齊召南云魯人當作吳人今常熟縣即子游故里

謂廣大道德之行五帝時也　惠棟挍宋本同閩監毛本大道德三字闕

并與夏殷周三代英異之主　考文引宋板同監毛本殷作商閩本殷周三三字闕

未猶不也逮猶及也　監毛本同閩本不也逮三字闕

雖然不見大道　惠棟挍宋本同閩監毛本不見大三字闕

尚可知於前代也　惠棟挍宋本同閩監毛本前代也三字闕

周公此大道在禹湯之前　惠棟挍宋本同閩監毛本周公此大道五字闕

案辨名記云　惠棟挍宋本同閩監毛本記云二字闕

萬人曰傑　監毛本同考文引宋板同閩本人曰二字闕

是儁選之尤異者　惠棟挍宋本同閩本是字闕監毛本是誤而

大道之行也節

矜寡孤獨廢疾者閩監毛本同岳本同嘉靖本同石經廢作癈衛氏集說同○按癈爲正字廢爲假借字

不必藏於己閩監毛本同嘉靖本同惠棟挍宋本已作己宋監本同石經同岳本同衛氏集說同下爲己並同

大道至大同閩監毛本如此此本下大字脫

脩習睦親也閩監毛本同惠棟挍宋本習下有也字

禪位授聖謂堯授舜也閩監本同毛本謂作是

謂不以天位爲己家之有而授子也惠棟挍宋本有而字此本而字脫閩監毛本同

不以瞽叟爲祖宗　閩監本同毛本祖宗二字倒

是無吝嗇之心　閩毛本嗇作惜監本亦作惜吝誤客

今大道既隱節

敦朴之本也教令之稠　宋監本同毛本同岳本同嘉靖本同考文引宋板同衛氏集說同閩本本也教三字闕監本闕本也二字

盜賊多有　監毛本同岳本同嘉靖本同衛氏集說同閩本盜賊多三字闕

正義曰前明五帝已竟　惠棟挍宋本無正義曰三字

此明三代俊英之事　閩監毛本同衛氏集說同惠棟挍宋本事下有也字

城內城郭外城也　監毛本如此衛氏集說同無也字此本外下城字脫閩本同考文引宋板外城作城外

溝池城之壍　閩監本同衞氏集說同毛本壍作塹

雖在富貴埶位　閩監本同毛本埶作勢

對士文云事君　閩本同監毛本文作又

故云兵由此起也　監毛本作由此本由誤猶閩本同

言偃復問曰如此乎禮之急也節

言偃至正也　惠棟挍宋本無此五字

證人若無禮　惠棟挍宋本如此此本脫無字閩監毛本有無字脫若字

臣子無禮之人　閩監毛本同許宗彥挍子下增刺字

列於鬼神　閩監毛本神下有者字

言聖人制禮　閩監毛本人作王下聖人旣法同

布列法於鬼神　惠棟挍宋本如此此本列下有空闕閩監毛本補效字

謂法於鬼神以制禮　閩監毛本無於字

教民報上之義　補閩監毛本報作嚴

曉達喪禮　惠棟挍宋本如此衞氏集說同此本脫喪字閩監毛本喪誤於

聘是臣之事君　閩監毛本有君字衞氏集說同此本君字闕

昭二十五年左傳文　惠棟挍宋本如此此本文誤云閩監毛本文下增云字衞氏集說同

是取與作於山川鬼神也　閩監毛本與作下有法度二字

下文云降於五祀之謂制度　閩監毛本如此此本文上衍也字云上衍又字

始謂中霤門戶竈行之法　閩監毛本同浦鏜挍謂改爲

下文又云必本於天　監毛本如此此本又云作云又惠棟挍宋本作又有閩本同

此文本天效地之下　毛本同閩監本效作殽惠棟挍宋本文作叉

以制禮既畢　惠棟挍宋本同閩監本畢作畢衞氏集説同毛本畢作降

故鄭解此云　惠棟挍宋本有解字此本解字脫閩監毛本同

聖聖人參於天地　補案聖聖誤重

其義非也　惠棟挍宋本此下標禮記正義卷第二十九終記云凡二十三頁

言偃復問曰夫子之極言禮也節　惠棟挍云言偃節夫禮節昔者先王節故元酒節作其祝號節宋本合爲一節○惠棟挍宋本自此節起至故人者其天地之德節止爲第三十卷卷首題禮記正義卷第三十

言偃至觀之　惠棟挍宋本無此五字

故觀其夏道可成以不　閩本同監毛本以作與

卽下云夫禮之初以下是也　惠棟挍宋本同閩監本下是也三字闕毛本三字亦闕又禮誤節初誤所

觀此夏禮堪成與不　惠棟挍宋本同閩監毛本禮堪成與不與四字闕

以下云而不足徵〇注杞　監毛本同考文引宋板同閩本足徵〇注四字闕

武王下車而封夏后氏之後　監毛本同考文引宋板同閩本封夏后氏四字闕

求夏后之後　監毛本如此惠棟挍宋本后下有氏字

而得東樓公封之於杞　惠棟挍宋本同閩監毛本東樓公封四字闕

徵驗之義故爲成　惠棟挍宋本同閩監毛本驗之義故四字闕

而云無賢君不足與成者　監毛本同考文引宋板同閩本賢君不足四字闕

先言坤者熊氏云　惠棟挍宋本有云字此本脫閩監毛本同

黄帝墳典閩監毛本同齊召南按黄改皇按齊按是也孔安國尚書序云三皇之書謂之三墳五帝之書謂之五典

夫禮之初節

以水桃釋黍米閩監毛本桃作洮衛氏集說同

以鬼神享德不享味也閩監毛本享作饗衛氏集說同

凷堛也廣雅文閩監毛本同惠棟按宋本文作云非也

釋所以天望地藏之意閩監本同毛本意作義

故以天望招之於天閩監本同毛本招誤拓考文引宋本故作所

與死者北首閩監毛本同惠棟按宋本與作及

前文云燔黍捭豚謂中古之時惠棟按宋本同閩監毛本燔黍捭豚謂中古之

八字闕

但中古神農未有宮室上棟下宇 惠棟挍宋本同閩監毛本中古神農未有宮室八字闕

及在五帝以來 閩監毛本同浦鏜挍及改乃

以爲五帝時或爲三王時皇氏以爲 惠棟挍宋本同閩監毛本時或爲三王時皇氏以九字闕

昔者先王節

夏則居橧巢 閩監毛本同石經同岳本同嘉靖本同衞氏集說同釋文出居橧云本又作增又作曾同則登反出樔云本又作巢考文引古本足利本橧作橧洪頤煊九經古義補云按大平御覽五十五引作橧家語問禮篇亦作橧劉熙釋名云橧露也露上無屋覆也左傳楚子登巢車以望晉軍杜注云巢車車上加橧孔氏正義引說文云轈兵高

車加巢以望敵也櫓澤中守草樓也巢與魯皆樓之別名今本作櫓傳寫之誤

寒則累土暑則聚薪柴居其上　毛本同岳本同嘉靖本同衛氏集說本同閩監本十二字闕按此節閩監本經注多闕合土以下至節末全闕毛本已完補

然後脩火之利　閩監本同石經同岳本同嘉靖本同衛氏集說同毛本脩作修

範金合土

執治萬物　閩監毛本同嘉靖本同衛氏集說同考文引古本足利本治作冶按冶非也此本疏亦作治字之誤也

瓦瓴甓及甒大　毛本同岳本同嘉靖本同釋文出令甓及甒大也考文云甒大下有也字

以爲臺榭宮室牖戶　石經同岳本同嘉靖本同衛氏集說同毛本牖誤牗

榭器之所藏也　此以爲臺榭宮室牖戶注文監本空闕

以炮　諸本同監本空闕

裹燒之也此以炮注文諸本同監本空闕

以燔諸本同監本空闕

加於火上此以燔注文諸本同監本空闕

以亨諸本同監本空闕

煑之鑊也此以亨注文諸本同監本空闕

以炙諸本同監本空闕

貫之火上此以炙注文諸本同監本空闕

以爲醴酪諸本同監本空闕

烝釀之也酪酢酨此以爲醴酪注文諸本同監本空闕

治其麻絲以爲布帛以養生送死以事鬼神上帝皆從其朔

諸本同監本空闕

朔亦初也亦謂今行之然此皆從其朔注文諸本同監本空闕

疏閩監毛本此節疏文多闕此疏字亦闕惟此本及惠棟挍宋本完善浦鏜挍從儀禮經傳通解續補入亦同

故元酒在室節

管磬鍾鼓岳本同嘉靖本同衛氏集說同閩監毛本鍾作鐘石經同

與其先祖閩本同石經同岳本同嘉靖本同衛氏集說同考文引宋板古本足利本同監毛本與誤舉

南北陳之俎設於鼎西惠棟挍宋本同衛氏集說同閩監毛本北誤其設誤豆

當序西面北上俎皆設於鼎西惠棟挍宋本同衛氏集說同閩監毛本當誤堂俎誤此

則承受天之祜福也考文引宋板同衞氏集說同閩監毛本承誤特

非爲三酒之中淸酒也閩監毛本同盧文弨挍云爲當作謂

與五禘之禮同閩監本同毛本與誤於惠棟挍宋本五作王續通解同

朝踐君夫人酌醴齊閩監毛本同浦鏜挍云夫人二字當衍

酢諸臣用事酒惠棟挍宋本作事此本事誤昔閩監毛本同

故禮器云君親制祭閩監本同考文引宋板同毛本制誤致下君制祭同

圜鐘爲宮閩監毛本同惠棟挍宋本圜作圓按周禮作圜

九變而致人鬼惠棟挍宋本作致續通解同此本致作降閩監毛本同

衆尸皆同在太廟中惠棟挍宋本如此此本同在太誤在太太閩本脫同字太字上空闕監毛本脫同字

置於北墉下　閩監本同毛本墉誤牖

至薦孰之時陳於堂　惠棟挍宋本同閩監毛本陳於堂三字闕

乃後延主人入室　惠棟挍宋本作主續通解同此本主誤人閩監毛本主作尸

酌奠於饌南故郊特牲　惠棟挍宋本同此本奠於饌南故五字闕閩監毛本同

既奠之後又取腸閒脂　惠棟挍宋本同閩監毛本既奠之後又五字闕

謂薦孰時當此大合樂也　惠棟挍宋本同閩監毛本時當此大合五字闕

主人拜以妥尸　惠棟挍宋本同閩監毛本主人拜三字闕

崔氏以爲后獻皆用爵　閩監毛本同盧文弨挍云用下當有瑤字

瑤爵謂尸卒食　監毛本同閩本尸卒二字闕

則后未酳尸以前不用也　惠棟挍宋本同閩監毛本以前不用也五字闕

用璧角璧散可知監毛本同考文引宋板同閩本璧角璧散可五字闕

諸臣加爵用璧角璧散惠棟挍宋本同閩監毛本諸臣加爵用五字闕

禘祭在夏醴齊盎齊惠棟挍宋本同閩監毛本在夏醴齊盎五字闕

王朝踐獻用醴齊后亞獻用盎齊惠棟挍宋本同閩監毛本醴齊后亞獻五字闕

王酳尸因朝踐醴齊惠棟挍宋本同閩監毛本王酳尸因朝五字闕又毛本踐誤醆

天子時祭用二齊者惠棟挍宋本同閩監毛本祭用二齊者五字闕

秋冬用著尊盛醴齊用壺尊盛盎齊惠棟挍宋本同閩監毛本尊盛醴齊用五字闕

皆云兩者以一尊盛明水惠棟挍宋本同閩監毛本以一尊盛明五字闕又毛本者

作著○按作著與周禮司尊彝合

作其祝號節

疏布以冪石經作冪岳本同釋文同此本冪誤冪閩監毛本同嘉靖本同衞氏集說同注疏放此○按依說文當作幎从巾冥聲其字亦作冪誤作冪俗作冪

三曰祇號閩監本同岳本同衞氏集說同毛本祇誤祗嘉靖本同釋文出示號與周禮大祝合云本又作祇

五曰齎號嘉靖本同閩監毛本齎作齍岳本同衞氏集說同釋文出齍號按周禮作齍

翦蒲蓆也惠棟按宋本有席字宋監本同岳本同嘉靖本同考文引古本同此本席字脫閩監毛本同衞氏集說同

上通無莫閩監毛本同岳本同嘉靖本同衞氏集說同段玉裁按無䟽元盧文弨按云按䟽此本作元莫

正本元作无按作元是也正義云上通元氣寂寞是注當作元莫之明證又云定本元字作无謂虛無寂寞義或然也謂之義或然者是正義本不從定本作无莫也

籩豆鉶羹　閩監毛本同石經同岳本同嘉靖本同衛氏集說同釋文出鈃云本作鉶

史祝稱之以告鬼神　惠棟挍宋本同閩監毛本史祝作祝史衛氏集說同

孰其殽骨體也　閩監毛本殽下有者殽二字惠棟挍宋本同

上通無莫者　閩監毛本同段玉裁挍本無改元

證莫爲虛無　閩監本同毛本無誤亥惠棟挍宋本無下有也字

正本元字作無　閩監毛本同惠棟挍宋本無作无段玉裁挍本云正當作定

此論祭饋之節　惠棟挍宋本有此字衛氏集說同此本此字脫閩監毛本同

饗食賓客兄弟也　惠棟挍宋本有也字衛氏集說同此本也字脫閩監毛本同

承致多福無疆閩監毛本作承衞氏集說同此本承作丞

孔子曰於呼哀哉節惠棟挍云孔子節宋本分魯之郊禘另爲一節

孔子至適矣惠棟挍宋本無此五字

杞之郊也節閩監毛本分祝嘏以下另爲一節

杞之至守也惠棟挍宋本無此五字

祝嘏莫敢易其常節

祝嘏至大假惠棟挍宋本無此五字

言天子諸侯所祭之時閩監本同毛本諸侯二字誤在所祭下

故上文承天之祜閩監毛本文作云下次文是謂合莫又次文是謂大假並同

鄭云將言今不然閩監毛本同考文云宋板鄭上有故字

不如大祥大假之等閩監本如此此本假上衍祥字毛本如作知

祝嘏辭說節

祝嘏至幽國惠棟挍宋本無此五字

幽闇也閩監毛本有闇字岳本同嘉靖本同衞氏集說同此本闇字脫

國闇者閩監毛本同岳本同嘉靖本同衞氏集說同考文古本作闇國者

醆斝及尸節

醆斝至僭君惠棟挍宋本無此五字

冕弁兵革節

冕弁至脅君惠棟挍宋本無此五字

脅劫脅也閩監毛本同惠棟挍宋本無下脅字

故仕於公曰臣節
故仕至同國 惠棟挍宋本無此五字
卽自稱曰僕 閩監本同毛本卽作則
故天子有田節
大夫有采以處其子孫 惠棟挍宋本宋監本同閩監毛本同
石經同岳本同嘉靖本同衞氏集說
同考文引古本足利本采下有地字案地字正義亦有
自拱勑也 閩監本同岳本同嘉靖本同衞氏集說同毛本
勑作敕
陳靈公與孔甯 閩監毛本同岳本同嘉靖本同惠棟挍宋
本甯作寧宋監本同衞氏集說同釋文出
孔甯云本又作寧案左傳作寧公羊作甯各依字讀
以取弑焉 閩監毛本同嘉靖本同衞氏集說同岳本脫焉
字釋文出取殺

故天子至爲謔 惠棟挍宋本無此六字

若有其大功德 惠棟挍宋本同閩監毛本有其作其有是也

謂今惡起文 閩監毛本同浦鏜挍云謂疑爲字誤

故注云言今不言然也 補案不下言字誤衍

是故禮者節 惠棟挍云是故節宋本分政不正以下另爲一節

肅駿也 閩監毛本同岳本同嘉靖本同衞氏集說同釋文駿作峻

是故至君也 惠棟挍宋本無此五字

大臣至俗儆 惠棟挍宋本無此五字

按釋詁文云 惠棟挍宋本作詁此本詁誤古閩監毛本同下釋詁文又云同

故政者節

謂輝光於外閩監毛本同衞氏集說同岳本輝作煇嘉靖本同㩧文出煇光〇按煇輝正俗字

故政至固也惠棟挍宋本無此五字

施政於外惠棟挍宋本如此衞氏集說同監本毛本施誤則此本施政誤則故

若政之美盛閩監本同毛本美誤本衞氏集說亦作美

此亦當云必本於地閩監毛本同惠棟技宋本無必字

故云之謂殺地惠棟挍宋本有之字此本之字脫閩監毛本同

所以藏其身而堅固惠棟挍宋本同閩監毛本所以藏三字闕

案昭二十五年左傳云監毛本同考文引宋板同閩本五年左三字闕

以象天明監毛本同考文引宋板同閩本象天明三字闕

以類其震曜殺戮監毛本同考文引宋板同閩本其震曜三字闕

皆法天之所爲　惠棟校宋本同閩監毛本法天之三字闕

下云社者神地之道　惠棟校宋本同閩監毛本社者神三字闕

有五地之物生者　監毛本同考文引宋板同閩本之物生三字闕

各有所生五地總生萬物　惠棟校宋本同閩監毛本有所生三字闕

注大傳至義也　考文引宋板同閩本大傳二字闕監毛本大傳誤自禰

言用禰之仁依循而上　監毛本同考文引宋板同閩本仁依循三字闕

以至于禰高者尊重　考文引宋板同衞氏集說同閩本高者二字闕監毛本高誤遠

人君法之施此仁義敎令　惠棟校宋本同閩監毛本施此仁義四字闕

此五祀鄭云有中霤　惠棟校宋本同閩監毛本五祀鄭云四字闕

禮記注疏卷二十一挍勘記

傳古樓景印